FORMOSA *for* CHRIST 1935
LETTERS *from* FAR FORMOSA
to BOYS *and* GIRLS 1910

巴克禮牧師夫婦
文集

福爾摩沙的呼召

巴克禮牧師 REV. THOMAS BARCLAY
伊莉莎白牧師娘 ELISABETH A. TURNER
（原）（著）
張洵宜／漢譯　阮宗興／校註

目 次

BOOK 1 巴克禮牧師
《爲基督贏得福爾摩沙》(1935)

Contents

BOOK 2 伊莉莎白牧師娘
《從台灣遙寄給男孩女孩的書信》(1910)

巴克禮牧師與伊莉莎白牧師娘於南神新樓巷弄，年代約 1902-1908 年（聚珍台灣提供）

*本書圖片若未加註，均由台灣基督長老教會歷史檔案館、台南神學院、新樓醫院、長榮中
　學提供，後面不另標示

|序|
敬虔奉獻一生的宣教師夫婦

王昭文
台灣基督長老教會
教會歷史委員會主委

　　台灣教會很尊崇把福音傳到這裡的外國宣教師，經常訴說他們的故事，鼓勵信徒效法他們的精神。其中，英國長老教會派駐台灣的第五位宣教師巴克禮，是很受看重的一位。他經歷了日清戰爭後台灣政權轉移的過程，在日軍即將佔領台南之際，他和另一位宣教師宋忠堅，受台南紳商之託，擔任和平使者前往日軍駐地，避免了台南可能遭遇屠城的命運，因此而被稱爲「拯救一城者」，在台灣歷史上留名。但他身爲宣教師，最重要的使命是幫助台灣教會扎根。

　　巴克禮 1875 年抵達台灣，爲起步才十年的台灣教會建立神學校（大學），訓練本地傳道人，自然科學、世界史地和聖經神學並重；又爲了教育信徒盡快能夠閱讀聖經，推廣「我手寫我口」的白話字，創辦聚珍堂出版社和《台灣府城教會報》（今名《台灣教會公報》），晚年又增補《廈英大辭典》，並完成新舊約聖經的翻譯。在台灣工作六十年，埋骨於台南，大半生陪伴台灣教會成長、茁壯。從照片上看，他是嚴肅的牧師、教師；從遺留睡袍膝蓋部位的補丁，得知他的敬虔；十六歲開始每年簽名的〈獻身文〉，知其奉獻的心志。

　　巴克禮初到台灣是二十六歲青年，1891 年四十二歲才回英國和蘇格蘭的護理師伊莉莎白‧透納結婚。婚後，伊莉莎白以自己在護理工作上的專長投入宣教工作，但並未有女宣教師職位，而是以巴牧師娘身分工作，有個台灣名字「巴以利」。她和巴牧師一起，每年在〈獻身文〉上簽名，顯示兩人對信仰和宣教工作有共同的認識，既是夫妻也是同工。台南東門巴克禮紀念教會是由她開始帶領聚會而後成立的，日本的隨軍牧師細川瀏也受過她的幫助。很可惜巴以利牧師娘 1909 年因病去世，至今台灣教會仍懷念她。

　　2013 年台灣基督長老教會歷史委員會到英國參訪，遇到格拉斯哥大教堂牧師 Dr. Laurence Whitley（懷特理），攀談得知他的外祖母是巴牧師娘的外甥女。他們家族流傳這樣的記憶：1909 年巴以利回英國醫治腦疾，病體未大癒，卻堅持回台灣工作，在乘火車跨越歐亞大陸的艱苦路程中再度病倒，死在旅程上，「不得不葬在鐵路邊」。照巴克禮牧師記載，巴牧師娘是在上海的醫院去世，葬在當地外國人墓園。但家人對她在旅途中去世且葬在陌生之處的悲傷遺憾，因為誤解而顯得更為深重。台灣信徒也為巴牧師娘未能歸葬台灣而感到難過，這樣的掛心，促成了這次《福爾摩沙的呼召》的出版。我們無法找到她的墓，但她在台灣所做的一切不會被遺忘。台灣基督長老教會歷史委員會樂見巴以利當年為英國少年少女所寫的小冊子翻譯出版，和巴克禮牧師的著作放在一起，像當年他們一起在〈獻身文〉上簽名。

　　《福爾摩沙的呼召》呈現早期英國宣教師的原汁原味，有些內容用現在的眼光看會覺得不是很能接受，但這類歷史文獻原本就需要放在當時的脈絡中了解，知道這些觀念是在甚麼樣的背景中產

生，又如何在一波波思潮影響下逐步變遷到現在。出版這歷史文
獻，就是要誠實面對教會歷史，讓受尊崇的宣教師能以更立體、更
真實的形象出現。我們所做的工，若符合上主旨義，願上主堅立。

| 序 |

成全與共生的教會

劉炳熹
台南東門巴克禮紀念教會
主任牧師

1903 年，看見新樓醫院與台南神學院員工眷屬需要的伊莉莎白師母，招聚眾人開始聚會、禮拜，成為了台南東門教會的前身。2003 年，時值東門教會百週年紀念，教會更名為「東門巴克禮紀念教會」，向社會大眾述說著：我們的設立是為著紀念巴克禮牧師對台灣社會的貢獻，期盼落實宣教師對台灣的愛，給下一代更美好的台灣！

很快的，時間來到了 2022 年，東門巴克禮紀念教會迎向一百二十週年，我們要再次對社會宣講什麼信息呢？教會與台灣基督長老教會歷史委員會合作出版《福爾摩沙的呼召》，不僅對教會來說是一份特別的禮物，相信對台灣社會來說也是如此。

閱讀巴克禮牧師故事時，我們很快的可以接收到他投入宣揚福音、推動教育、翻譯聖經的熱忱，更在 1895 年十月二十一日接受府城仕紳託付，前去交涉使日軍和平進城，免去血光之災。一幕幕的美好腳蹤，都在述說巴克禮牧師如何「成全」、疼惜、愛護生活在台灣這塊土地的人們，撒下基督的愛，等候它開花結果。

相對巴克禮牧師，伊莉莎白師母的記錄就顯得稀少，一百多年前的社會文化，女性不免附屬於男性。從她的書稿《從台灣遙寄給

男孩女孩的書信》被典藏於巴克禮牧師檔案的最後面，又是個人附檔，就可看出這端倪。即便如此，從有限的史料裡，我們依舊看見伊莉莎白如何忍著腦疾，發揮自己護理的專業照護病患，也支持自己的丈夫巴克禮牧師，到最終不幸於上海別世。她的生命詮釋了「共生」，也就是去照顧，去陪伴每一個與自己不同性別、年齡、成長背景、宗教等的台灣人民，使每個人都能活出盼望，活出愛！

當然，在那個殖民主義興盛的時代，宣教師們仍不免帶著西方文化的眼鏡看待台灣這「化外之地」，從他們的作品裡我們不難瞥見這些觀點。與其以負面的眼光看待，倒不如回歸反思今日台灣教會，經過一百多年了，教會能否延續宣教師的精神，從巴克禮牧師的「成全」與伊莉莎白師母的「共生」，讓基督福音與社會深刻對話，回應時代需求，持續深根成長。

閱讀此書，好似帶我們回到一百多年前，巴克禮牧師與伊莉莎白師母所看見的福爾摩沙。是篳路藍縷，卻滿有上主的護佑；是考驗重重，卻在一關關度過後，意識到自己宛若夜間在懸崖邊行走，直至天亮才知何等幸運！

今日我們以為的偉人，不過是上主所呼召的平凡人，在關鍵時刻做出回應，去做那看似「荒謬」的事，不知不覺映照了上主的榮光。歷史，不會停在過去，我們所走的每一步，都在寫新的故事，它會有將來！

一間見證巴克禮牧師與伊莉莎白師母「成全」與「共生」的教會，走過一百二十年，它依舊會座落府城，典藏記憶，展望將來，創造價值，共寫新生！

致　謝

盧啟明

台灣基督長老教會
歷史檔案館主任、牧師

　　感謝上帝帶領以及許多人的協力，巴克禮牧師和伊莉莎白牧師娘的合璧文集終於出版，這讓他們夫婦永遠「在一起」的願望，透過文字來達成了。

　　首先要感謝原著者留下寶貴的資料。巴克禮 *Formosa for Christ* 英文版，其實在 2005 年就以聚珍堂史料第八冊出版為《巴克禮作品集》，裡面收錄故林信堅牧師精彩的導讀，詳細述說巴克禮對台灣教會、文化及歷史的影響；因此這次我們就只用中文翻譯來問世，讓讀者對照翻閱這本宣教師的心路歷程與實況紀錄。

　　至於伊莉莎白牧師娘的 *Letters from Far Formosa to Boys and Girls* 則是一本「傳說中」的小書，因為是自行出版，所以英國的大學或公立圖書館都找不到。事實上，這也顯示歸檔與性別的問題。過去都往小冊（pamphlet）去找，所以都找不到，沒想到這批資料以書信（letters）的形式，放在巴克禮檔案的最後面，又是 addenda individuals（個人附檔），所以被忽略了。此外，伊莉莎白自己的簽名，是冠夫姓的 E. A. Barclay，從文獻的保存方式來看，她的卷宗是附屬於巴克禮檔案，自己並沒有單獨成冊。

　　接著我們要感謝台灣基督長老教會總會歷屆以來的教會歷史委

員會，如果不是前輩牧長有所遠見，在 2013 年派遣一批同工前往英國尋訪資料、拜會夥伴教會，並且培訓檔案人員，就不會有今天的成果。同時也很高興委員會同意，首次透過民間業界出版，是個突破與嘗試。還有台南東門巴克禮紀念教會，做為冠名的教會，大家義不容辭地認為這是自己的「守備範圍」，全力支援，非常感心。而我們的朋友英國聯合歸正教會，也欣見台灣這邊找到謎樣的史料，並且翻譯出版，讓台英的教會合作關係更加緊密！

感謝寫序的王昭文老師、劉炳熹牧師，撰寫導讀的宋訡瑄老師、黃哲彥牧師，翻譯的張洵宜傳道師、校註的阮宗興長老，還有參與籌備工作的夥伴：總會婦女幹事連嫦美牧師、新樓醫院吳政牧師、台灣教會公報社陳逸凡總編，及蕭芮吟館員整理照片。

十九世紀中葉，往來世界的交通技術與旅遊條件大幅改善，各類旅行紀錄也多了起來。不過整體來說，旅遊書寫者仍以男性居多，女性視角下的異文化接觸紀錄，尤其是關於台灣的描寫，史料價值更為珍貴。這本書若和台灣經典寶庫系列作品做一對觀，相信會很有意思。

一般常說，宣教師總是在駐地才真正找到自己的信仰，這句話用在台灣再貼切不過，她／他們真正發現性別在上帝創造中的美好意義與同工關係。巴克禮邀請太太一起在獻身文上簽名，傳頌古今；伊莉莎白更是教會的開創者。今年是他們夫婦結婚一百三十年，也是台灣的婦女事工百週年紀念，更顯出獨特的意義！

BOOK 1

巴克禮牧師

《爲基督贏得福爾摩沙》
(1935)

Formosa for Christ
(Thomas Barclay, 1935)

導讀

宋詠瑄
台南神學院道學碩士班畢業
現就讀愛丁堡大學博士班

特別感謝台灣基督長老教會歷史檔案館主任盧啓明牧師邀請，讓我有機會搶先閱讀《爲基督贏得福爾摩沙》中文譯本，很榮幸爲本書讀者撰寫導讀。關於巴克禮牧師在台灣所做的眾多工作與影響，在 2005 年台灣基督長老教會歷史委員會經教會公報社印製的《巴克禮作品集》中，林信堅牧師所撰的五十餘頁的導讀文，足以提供諸多教會歷史研究者、歷史愛好者豐富的歷史內容；該書中亦有台灣早期史先驅賴永祥教授所撰〈聚珍堂史料發刊總序〉，概述長老教會進入台灣後落地生根開展出的宣教事工以及部分著作，這兩篇序文內容極爲豐富，對有意以系統方式了解長老教會入台歷史的人，是很好的幫助。本文中不重複前輩著作中已有的內容，單就以此書內容與讀者分享。

《爲基督贏得福爾摩沙》是英國長老教會爲青年編寫的冊子，雖然過去做爲《巴克禮作品集》發行，但從一些字句可以推測這本書並非由巴克禮牧師一人完成，例如：「1874 年，巴克禮牧師來台（我們很驕傲，也很欣慰的說，他現在依然跟我們在一起）」，但可以由此注意巴克禮牧師在福爾摩沙諸多宣教事工中的重要性，以及他在福爾摩沙的英國宣教師同工群體中受到的尊重與信賴。可惜從原文也

難以推測可能共同撰寫者有誰，不過撰文者是誰，對於這本冊子的內容理解並沒有太大影響，僅提供給可能細查到這個線索的讀者一些回應。

　　本書總共有六章，是爲英國長老教會青年團契所撰寫的書，每一章文末放入精心設計的問題討論，並佐以閱讀書單，是一本精心設計的共讀書籍，這樣的編排形式對於現代讀者可能並不陌生，許多我們參照使用的查經手冊都是以如此的形式呈現。這種設計正是在十九世紀學生宣教運動中的盛行產物，不少宣教師在學期間，一邊接受各種學科智識上的挑戰、一邊參與學生宣教社團、同時也一邊爲牧職訓練裝備，在學生宣教社團中，會安排回國宣教師演講（有時是回國述職，或因爲身體狀況必須回國休養，他們通常依舊非常掛心宣教地，常受邀至地方教會、宣教會、總會報告演講並募款），這些問題討論及閱讀書單讓被挑起的熱情與好奇能夠繼續延續下去。

　　我們如何以現代的眼光閱讀這本書？這對當代台灣基督徒是一個挑戰。如何身爲台灣人，帶有思辨的眼光，閱讀過往西方宣教師可能帶著西方優越或帝國思想的論述，同時帶著基督徒的身分去評價、肯定宣教師從西方而來、在台灣落地生根的貢獻？藉由閱讀大框架的歷史研究，了解當時時代背景、政治經濟文化種種的思潮影響，佐以當代研究與觀點，避免以想像過於美化西方、或不加批判地認可西方文明翩然以救世主之姿來解救置身蒙昧無知的亞洲；另一方面，帶著想像力去閱讀個人傳記、私人書信日記、作品集等等，可以看見個體在所處的時代之中，如何受到影響、如何思考、並做出個人生命的選擇。在這兩種取徑交會之處，會產生許多裂縫

與掙扎，使得個體生命故事有更多面向，更像個「人」，卻可以說出觸動人心的故事。

從大時代框架，可以注意《爲基督贏得福爾摩沙》有幾點：

1. 在敘述當時福爾摩沙宣教現況與挑戰時，宣教師對於政治局勢保持觀望：宣教師意識到福爾摩沙在日本政權之下，經濟與公共建設發展（第一章、第三章）、對醫療（第四章）與教育（第五章）建設與管控，但是宣教師關注的多是新政權是否會影響宣教自由。特別是在第二章中，談論日本政府在台引入神道，要求其殖民地人民都需參與神社參拜儀式、吟誦祈禱、出售御守、潔淨儀式等，形塑以日本母國爲精神依歸的愛國歸屬，在政府要求下，基督徒要不要參拜？以及第五章，基督教學校如何在日本政府欲使殖民地徹底日本化的政策下生存，作者直言：「身爲宣教師，批判這項政策，不是我們該做的事情，我們必須忠於遵循。我們只想要延續基督教教育的自由。」宣教師乘著帝國版圖擴張的前線推進，有時並不排斥訴諸英國公權力保護宣教自由、有時也小心怕引發當地抗爭而被禁止宣教，在十九世紀甚至有些宣教機構直接發出通知，請宣教師不要忘記自己「神聖的職分」，並要迴避涉入與政治相關的議題；依照不同差會傳統，對於政治態度也有差異，而宣教師個人仍保有自由度對地方政治實況做出不同回應。

2. 西方文化優越、基督教優越的語言：對某些敏銳讀者而言，讀到十九世紀宣教師描繪宣教地的人文風土時所使用的字句會感到不適，十九世紀時代英國社會中受到新教影響，強調努力、節制、進步的信條，每個人都要藉由工作、勞動在整體社會中有貢獻、有價值，自然而然會得到物質酬賞，隨之而來外貌、社會地位

便會自然展現體面的樣態，「天道酬勤」換成不一樣的「天」，粗略可說明這種思想。宣教師描繪貧窮地區的人民衣著破爛、儀禮粗俗、生活沒有品味，男人懶散不事生產、女人粗鄙無法持家教育後代，導因是因為他們不認識福音；而豐裕區域的人民則是會被描繪成墮落、只重視物質享受、靈命失喪，也是因為他們不認識上帝。自相矛盾、帶著家父長式、西方基督教優越的論述，在十九世紀宣教刊物上隨處可見，可以參見人在時代氛圍中，思想和言論都會受到影響。

從由下往上的框架提出兩點，而這兩點剛好與上面提到的兩個大時代面向對談：

1. **「培養自養、自立、自傳」的地方教會：**在觀望日本政權在台灣的各項政策之下，英國宣教師嘗試在保有傳教自由中與日本政權合作（第四章末特別提到，英國宣教師需要的，不是政府的包容，而是尊重與合作），也與日本基督教會保有良好的關係，同時也意識必須讓基督教落地生根，不能一直仰賴英國母國，在第六章中問到英國長老教會在台七十年，目標是什麼？答道：「整體來說，我們的理想是在台灣建立自立、自養、自傳的基督教會。」依照這樣的標準，期望台灣教會主要的事工責任由台灣基督徒挑起，相信「他們必會興旺，我們必會衰微。」（約翰福音三章三十節）英國宣教師在台灣本土嘗試透過教育宣教、醫療宣教、報紙印刷刊物、書籍，建立並留下夠多的方式足以培養自己的傳道人，這一方面當然有經濟、政治局勢等等的策略考量，但是也反應英國長老教會宣教並沒有依循帝國經濟模式，將宣教地視為可以藉以吸取資金、物資、人才的「附屬地」。

2. 「千萬不要拒絕一杯茶，或是一次宣講的邀請」：雖然宣教師常帶著家父長式、西方文明優越的語言，但是我們也看見宣教師選擇在受呼召之處投注青春與生命，第三章最後附上三句宣教師格言中的第二句：「千萬不要拒絕一杯茶，或是一次宣講的邀請」，勾勒了宣教師在宣教地繁重的工作中，令人難以想像的付出與投入，這種強烈的意願與心智，讓他們緊抓住任何一個可以與人交會的時刻。當然從現代有許多不同觀點可以回應這種單一、英雄偉人般論述，甚至是隨之而來僵化強迫他人要犧牲奉獻的語言，宣教師在他們的時代背景中，因為對上帝的愛與委身，即使語言有時高傲，但是身軀與心靈卻極為柔軟，將諸多光陰與心思都放在台灣這塊土地之上，有些宣教師最終回到家鄉終老，但是台灣常常縈繞在他們的心中。

《為基督贏得福爾摩沙》當初的設定讀者是英國長老教會青少年，鼓勵青少年思考台灣的處境，當中有許多的問題至今看來仍非常有趣、極具挑戰性，例如：「請討論佈道跟教育的關係。教育事工應該為了教育而維持下去，或是以贏得改信者為目標？如果你們不認同教育宣教事工的『誘餌』理論，那麼要繼續維持基督教學校運作的理由為何？」這本書今日仍是適合各種團契或個人用以研究、共讀、對話討論，以不同的觀點來分析、討論內容，甚至對問題提出問題。

最後，第三章最後一句宣教師格言：「在宣教師一生當中，前面的五十年最難熬」，細細咀嚼特別有意思。試想當時的宣教師，約莫二十出頭前往宣教地（馬雅各醫生抵台時是二十七歲），平均壽命不比現在長、再加上宣教師因為氣候等因素屬於高危險職業，可能

難熬的五十年剛熬過（甚至還沒到）就蒙主寵召，那麼所求的是什麼呢？這個問題就留給讀者們自己用信仰生命來回應。

　　感謝譯者張洵宜傳道師，翻譯與研究宣教師文件，其中一個困難就是考證、找出他們的全名，通常他們的讀者都是英國長老教會的會友、海外宣教委員會主席、其他宣教師或家人親友，提及同工常以「某先生」代表，並不會每次都提到職稱、也少有全名，所以翻譯過程中，考證常常需要仰賴大量前人研究或詢問專家。有時要尋找男性宣教師的資料都非易事，更何況常在歷史中消失名字的女性。女性的生命故事隱匿在某女士（某姑娘）、某牧師娘、某醫生娘、某先生娘、某太太稱謂之後，除非是留下諸多著作與書信、或是有人有心撰文紀念，否則更是難以拼湊其生命故事。感謝本書譯者為許多宣教師找回全名，讓這本冊子也成為認識為台灣這塊土地奉獻生命的宣教師的重要史料。

　　也特別將這篇不足的小文，獻給已逝的台南神學院教授教會歷史的王貞文牧師，是她教導我以「神入」（empathy）的方式閱讀歷史，閱讀人的有限在歷史的長河中如何與上帝交會。

前　言

今年，英國長老教會的青年，要研究的主題是我們的宣教禾場，——福爾摩沙，因此「青年福祉委員會」（Committee on the Welfare of Youth）請我們「編輯」這本小冊子。台灣宣教師的人數雖然不多，卻是一群很優秀的夥伴，在此，將我們同心協力的成果，獻給英國長老教會傑出的青年團契。

我們的宣教師，或許不是一群高貴的殉道軍團，不過在台灣的宣教史上，有許多人跟凱撒的老兵一樣，雖然可以展示的傷痕不多，但至少在服役當中，走向暮年，也啃食軍糧，吃到齒牙衰敗脫落！誰願意追隨他們的步伐呢？

我們資深的宣教師巴克禮博士，此刻已服事六十年，他智慧成熟，年歲富足，充滿對主的愛。他長久以來努力為基督贏得福爾摩沙，很適合由他為此前言收尾，對我們教會的青年提出激勵與挑戰。

英國長老教會的青年，平安！

　　我很歡喜你們今年冬天的研究主題，是我們教會的海外宣教，這是最重要的主題。我們在光明與黑暗交界的此地，有幸見到教會穩定邁向目標，很高興能邀請你們一同參與，就算間接參與也無妨。

　　我也很開心你們決定研究的主題，正是台灣的宣教禾場。我們的事工非常有趣，在某些方面簡直獨樹一格。你們很難在別的地方找到更開放、更有盼望的禾場。我們的生命財產安全無虞，也不像中國和印度，宣教師那麼般的受到迫害跟排斥。讓我們希望在將要來臨的一年，——我們在台灣宣教的第七十年，我們一同盼望在你們代禱奉獻的幫助之下，我們的教會可以增長更多，無愧於上帝賜給我們的龐大機會。

　　「主啊，祢要我做什麼？」❶

主僕

多馬·巴克禮

---

❶ 此經節出自「英王詹姆斯欽定本聖經」（KJV），〈使徒行傳〉九章六節前段，此段為中文《和合本聖經》所無，原文如下：LORD, WHAT WILT THOU HAVE ME TO DO.

第一章

台灣：昨日與今日

你們搭乘大英輪船公司（P. & O.）的客輪離開倫敦，向東航行五個禮拜以後，會抵達香港。在這裡，你們要走下這艘一萬七千噸重的大船，她載著你們安全渡過海上那段繽紛的日子。當晚她會靜靜航向上海，舷窗發出微光，船體的黑影映襯著海灣對面山頂的閃爍光芒。一兩天後，你們會改搭小型的日本蒸汽船，沿著曲折的華南岩岸北行，船的上層甲板有武裝守衛防禦巡邏，以免遭遇海盜。一天後抵達汕頭，隔天到廈門。你們中午再從廈門出發，這次朝向東南方，橫渡台灣海峽，進入因暴風頻繁而聲名狼籍的海域。隔天早上你們醒來，——要是你們有睡著的話，會發現小船的引擎停了，在顛簸的海浪中輕輕搖晃，港口那頭的沿岸有美麗蓊鬱的山丘。這是你們第一次看見福爾摩沙島！

當小船終於獲准通行，你們會滑過狹窄的通道進入高雄港 ❶，眼前景觀從蓊鬱的山丘，變為碼頭跟吊車；火車刺耳的汽笛聲，宣告這裡有文明，正如身穿灰色制服並配劍的警察，宣告這裡有法律一樣，——現代日本的文明與法律。

你們再次踏上堅硬的土地，可以環顧一下四周，不過，在高雄這個設防的區域附近張望，容易令人起疑，最好去車站搭乘特急火

---

❶ 高雄，清代原名「打狗」，為原住民地名音譯，日治時期，因台語打狗之讀音「Takao」，與日語「高雄」之漢字讀音相同，故改以高雄代之。是故，本書翻譯的原則是，但凡清代時期，一律稱為打狗，日治時代，則改稱為高雄。

車，載你們往北穿越這座島嶼。兩百英里長（320公里）的鐵道，行經廣闊的西部平原，其間有稻田、茶園、甘蔗田，點綴著高大的竹林，更北邊還有茶園。從車窗望向東方，一整路都可以看見山脈的灰色輪廓，這些山脈構成本島的骨幹。在台南跟嘉義之間，或許你們還能找到最高峰，就是海拔 13,035 英尺（3973公尺）、跟鐵道相隔六十英里（96公里）的「新高山」（摩里遜山，玉山）。平原上的村莊星羅棋布，通常的村莊，不過是一些泥土跟竹子蓋的小屋，還有若干較顯眼的大農舍跟小鎮，偶有公車奔馳在崎嶇不平的道路上。火車有時會經過長橋，這些長橋所跨越的低淺河谷，乾季時，在沙子跟大石之間只有涓涓細流；但雨季一到，就會變身成一片滾滾洪流。在彰化附近，丘陵較靠近海岸線，因此你們會經過幾個山洞，不過很快就會到達北部平原。鐵路連接所有的大城：南方的高雄港、台南、有工商業中心的嘉義、彰化、台中，最後會抵達北部的首都：台北，這裡有宏偉的政府建物、大學、博物館及二十五萬的人口。再一小段路，會到這座島的主要港口：基隆，面向北方八百英里（1280公里）遠的日本。

　　你們沿途可以從幾個地方登山，一覽壯麗的景色，──森林、湖泊、河流、山峰。在此，你們可能會遇到野蠻人部落的籬笆小屋，不過，臨近之處，總是會有日本警察駐在所，有時也會有學校。再往東邊過去，就是山海驟然相接的東海岸，你們現在可以馳騁在長達八十英里（128公里），連接蘇澳跟花蓮港的新公路，海水匍匐在腳底下幾百英尺處，頭頂上則矗立著巨大的峭壁。

　　以上簡單描繪，是你們今天會看到的福爾摩沙；它的歷史多彩多姿，跟基督徒關係密切。

歷史概述

四百年前，福爾摩沙人口稀少，居住著馬來血統的野蠻人，使用幾種不同的方言。他們長時間不受外界侵擾，不過內部可能常有部落戰爭。1624 年八月，荷蘭軍隊佔領台南，開啓這座島嶼眞正的歷史。荷蘭人意識到這片土地的價值，著手建設及擴大影響力。此時已有一些來自閩南跟客家地區的漢人移民，不過荷蘭人只對野蠻人友好，主要是爲了交易。荷蘭人不久就想要使他們成爲基督徒。荷蘭宣教師干治士 ❷ 在 1627 年抵達並展開事工。荷蘭人蓋了一間可容納七十個孩子的學校，用來教導「羅馬字」❸。後來在 1639 年開設一間更高階的學校，一度有四百八十五位學生，主要教導教理問答跟聖經。宣教師經常採取極端手段，以公開鞭打和驅逐，來懲罰拜偶像的人，犯了道德墮落的各種行爲，要被鞭打、戴鐐銬。

與此同時，西班牙人也在北部的淡水及其附近宣教。西班牙軍隊已經奪下菲律賓，跟荷蘭人同時想要取得福爾摩沙。神父蓋了教堂，並在 1635 年爲七百名平埔族施洗。荷蘭人在 1642 年攻打雞籠的西班牙堡壘，很快就以懸殊兵力擊敗西班牙守軍。天主教的影響因此劃下句點，不過，荷蘭改革宗的優勢沒有持續太久，他們在

---

❷ 干治士牧師（Rev. George Candidius, 1597-1647），日耳曼人，任職荷蘭東印度公司，於 1627 年抵台，是首位來台的新教牧師，他編寫了西拉雅語辭典等，奠定日後的宣教基礎，所以甘爲霖牧師，特別以他的名字，將日後稱爲日月潭的湖，命名爲干治士湖。

❸ 荷蘭人用羅馬字拼寫平埔族西拉雅語，現稱爲「新港文書」，該語言原被列爲死語，後被西拉雅女婿菲律賓人萬益嘉（Edgar L. Macapili），依其母語與荷蘭殖民時期的新港腔的《馬太福音》，重新復育西拉雅語，並於 2008 年出版《西拉雅詞彙初探：以新港語馬太福音研究爲主例》。

十九年後，就被漢人冒險家國姓爺趕走了。❹

　　國姓爺相當了得，多次擊潰 1644 年入侵推翻明朝的滿族，是中國本土頗負盛名的將領。不過他難以堅守陣地，被迫撤到廈門，並開始覬覦富饒美麗的福爾摩沙島。他在 1661 年率領大軍攻台，包圍台南的要塞，同時追殺其他地方的本地基督徒及荷蘭移民。荷蘭人求助無門，深受圍城之苦，最後只好投降，荷蘭餘軍不久就撤離這座島。

　　將福音帶往福爾摩沙的第一波努力，就此劃下句點。荷蘭人在三十七年間，派了三十七位宣教師，當中有許多人在入侵者手下殉道。他們出版了本地方言的教理問答、祈禱本、講章本及《馬太福音》，可是這些成果，都沒能倖免於國姓爺佔領以後發生的殘忍迫害。

　　熱蘭遮城跟普羅民遮城，這兩座古老的荷蘭堡壘，依然佇立在安平跟台南，現在分別是燈塔與博物館。

　　1715 年，曾有一位耶穌會神父來到這座島，找到先前基督教帶來影響的一些證據。不過要等到 1859 年，才有基督教宣教師再次踏上這座島，當時有一位羅馬天主教神父來住在打狗。

　　我們教會特別關注的時期，始於 1865 年五月二十八日 ❺，英國長老教會海外宣教委員會差派的馬雅各醫生 ❻，在兩三位中國基

---

❹ 鄭成功（1624-1662），南明隆武帝賜姓朱，永曆帝封延平王，俗稱國姓爺。

❺ 關於此處所述，馬雅各醫生抵台日期有誤，依據《賴永祥文集》第一冊，〈一八六五年五月〉一文的證據顯示（p.259），應該是二十九日，而非二十八日。

❻ 馬雅各醫生（Dr. James Laidlaw Maxwell, 1836-1921），為英國長老教會派台首位宣教師，創辦台灣第一所西式醫館，開啟台灣現代醫療之先鋒，1871 年離台返英。1883 年第二次來台，一年後，因健康因素再度離台。其子馬雅各二世醫生，於 1901

督徒的陪同之下 ❼，從廈門
抵達打狗，由此展開宣教。
當時的居民主要是講廈門話
的漢人，先前基督教所留下
的餘韻，早已灰飛煙滅。因
此，馬雅各醫生在台南定居
沒多久，民眾就起了疑心，
反教者的暴行，使他不得不
退到打狗。1866 年八月十二
日，從廈門渡海來訪的宣爲
霖牧師 ❽，在此爲差會最早的
四位改信者施洗 ❾。 1871 年

馬雅各醫生

末，甘爲霖牧師抵達福爾摩沙 ❿，本地的教會開始成形。起先，

年二月抵台，接續其父未竟之業。

❼ 陪同馬雅各醫生來台的，其實不少，有杜嘉德牧師、漳州傳道陳子路、藥劑生黃
　嘉智與雜役吳文水。此外，還有廈門會友李西霖、王阿炎，以及英國聖經公會的
　Alexander Wylie 同行。其中，吳文水（1806-1879），又稱文伯或文長老，中國福建
　漳州人，後成爲台灣第一位傳道，1875 年退休，返回漳州，成爲第一位領退休俸之
　本土傳道。

❽ 宣爲霖牧師（Rev. William Sutherland Swanson, -1893），1887 年曾任英國長老教會
　議長，以及宣道會秘書。《使信月刊》（ The Messenger ）有其獨照，請參考《使信
　全覽》（台南：台南教會公報社，複刻本，2006），Vol. 42，1904 年四月，p.163。

❾ 宣爲霖牧師於 1866 年八月十二日，在打狗旗後禮拜堂爲陳齊、陳清和、高長與陳圍
　四人洗禮。

❿ 甘爲霖牧師（Rev. William Campbell, 1841-1921），英國蘇格蘭格拉斯哥人，清朝
　總理各國事務衙門奏摺稱他爲「監物」，爲英國派至台灣的宣教師，在台期間長達
　四十七年（1871-1917），僅次於巴克禮，其著作甚豐，旣專且雜：有早期台灣史
　料方面的書，有教會羅馬字相關的書，亦有宣教記錄的書…。此外，還首創「訓瞽
　堂」，以資教育盲人，可謂重量級、全方位的宣教師。

福音在山麓丘陵間的部落傳得比較
快，而在平原的漢人之間，由於他們
悠久的國族與宗教傳統，福音的進展
比較緩慢，不過似乎更加穩定。1872
年，加拿大長老教會差派偕叡理牧師
前來 ⑪ ，他在我們的宣教師的建議
下，定居在台灣北部的淡水，爾後，
北部教會跟南部教會一起並肩發展。
1874 年，巴克禮牧師來台 ⑫（我們很
驕傲，也很欣慰的說，他現在依然跟我們在一
起）；兩年後，在台南開設訓練本地傳
道人的神學院 ⑬ 。巴克禮成為第一任
院長，儘管有諸多任務在身，他現在

甘為霖牧師

仍繼續在神學院教書。其他重要的發展包括：1884 年在台南建立
基督教書房，1885 年出版《台灣府城教會報》第一期，同年九月

---

⑪ 偕叡理牧師（Rev. George Leslie Mackay, 1844-1901），俗稱馬偕，或是偕牧師，蘇
格蘭裔加拿大人，1871 年十二月底抵台，僅比甘為霖慢二十天到達。（書中說馬偕
於 1872 年來台，是明顯的錯誤。）在台三十年間，設立教會六十餘所，施洗信徒
三千多人，1882 年創立牛津學堂，終其一生，影響北台灣宣教事工甚鉅。

⑫ 巴克禮牧師（Rev. Thomas Barclay, 1849-1935），亦稱巴多瑪，英國蘇格蘭格拉斯哥
人，巴克禮天生聰穎，擁有照相式記憶，過目不忘，名列英國皇家學會會員。在台
期間逾六十年（1875-1935）。1876 年創立大學，即後來的台南神學院，1885 年發
行台灣首份報紙：《台灣府城教會報》，而這份報紙，雖歷經多次改名，但至今仍
然出刊，也因其包羅萬象，而成為台灣史上另類的百科全書。之後又翻譯白話字聖
經，確定白話字之標準拼音。

⑬ 1876 年初，宣道會撥款三百英鎊，興建大學校舍，同年，巴克禮將旗後與府城的
傳道者養成班合併，早期通稱大學，為台灣第一所西式教育之大學。一百多年來，
名人輩出，影響台灣歷史甚鉅，《使信月刊》有其初代校舍外貌，請參考《使信全
覽》，Vol. 41，1903 年，p.85。

馬雅各醫生在台南開設的看西街診所

巴克禮牧師建設及命名的「聚珍堂」，於 1884 年 5 月 24 日裝設印刷機，開始印刷作業，現今更名為「台灣教會公報社」

《台灣府城教會報》創刊號（1885 年
7 月 12 日，清光緒 11 年 6 月 1 日）

整修後的印刷機全貌

現今在台灣基督長老教會歷史檔案館前遺留的公報社舊址

二十一日開設一所學校 ⓮，以訓練那些預備就讀神學院的男孩。兩年後，爲女孩開設類似的學校，這是朱約安姑娘 ⓯ 跟文安姑娘 ⓰ 努力的成果，她們是代表女宣道會 ⓱ 來到台灣（1885 年）的第一批宣教師。

　　1895 年是多事之秋。甲午戰爭結束，中國將這座島割讓給日本。中國統治者突然離開，島上人民集結起來，高舉革命的「黑旗」，宣告成立獨立的共和國 ⓲。因此，日本派遣遠征軍前來，從基隆登陸，逐步往南推進，攻佔所過之處。這段時間爲期很久，局勢動盪不安，盜賊橫行。最後，只剩佔領台南府城這座城市，就可以結束大規模的軍事行動。日軍從南北夾擊台南，也以海路從西面

⓮　最初校名爲長老教中學校，日治時期立案爲長榮中學校，現簡稱爲長榮高中。

⓯　朱約安（Miss Joan Stuart, 1851-1931，在台期間爲 1885-1917），通稱朱姑娘（初代的台灣教會，針對未婚之女宣教師，通稱姑娘），英國蘇格蘭人，在台三十一年，1887 年與文安創設台南女學校，即後來的長榮女中，潘筱玉撰之〈朱姑娘小傳〉，刊於《台灣教會報》1931 年六月。她的獨照見於《使信全覽》，Vol. 37，1899 年十一月，p.301。

⓰　文安（Miss Annie E. Butler，在台期間爲 1885-1924），通稱文姑娘，自 1885 年與朱約安一起抵台後，兩人焦孟不離的從事教會事工，成績斐然，早期的事工重點是「女學」，其後則在彰化地區擔任助產士，及其他教會工作。退休返英後，曾來公開信，名曰：「文姑娘 e 批」，刊於《台灣教會報》491 卷，1926 年二月。其獨照登在《使信全覽》，Vol. 38，1900 年十一月，p.295。

⓱　女宣道會（Women's Missionary Association，簡稱 W.M.A.），成立於 1878 年，1880 年首度任命李麻牧師娘伊萊莎（Ms Eliza E. Cook）爲女宣教師，同年底另派馬姑娘（Miss E. Murray）來台，由此可知，朱、文兩位姑娘並非女宣道會的第一批女宣教師。此外，因爲女宣道會與台南教士會互不統屬，所以在一些事工上，亦有些扞格，例如，朱、文兩位就曾去信教士會，要求解釋爲何女宣教士要 under the supervision of the Mission Council，是什麼意思。（《台南教士會議事錄》，甘爲霖著，阮宗興校注，台南：台南教會公報社，複刻本，2004 年，1893 年八月，339.6，頁 511）

⓲　台灣民主國，因中日甲午戰爭後，簽署〈馬關條約〉，將台澎割讓日本而成立，由清台灣巡撫唐景崧於 1895 年五月宣布建國，不久唐敗逃廈門，改由黑旗軍劉永福接任，未久，劉亦潰逃中國，台灣民主國亡，歷時僅一百五十天。

進逼，「黑旗軍」的領袖劉永福，卻
在此際搭乘英國商船遁逃，台南因而
陷入恐慌。眾所皆知的故事是，驚恐
的居民，請求我們的宣教師巴克禮博
士和宋忠堅牧師[19] 幫忙，於是他們甘
冒生命危險，在夜裡勇敢出發去見日
軍的先遣部隊，告知這座城已經沒有
守軍，日軍如果不攻擊，就不會有人
反抗。隔天早上，日軍和平入城，台
灣民主國劃下句點。

宋忠堅牧師

各地過了很長一段時間才恢復秩
序，然後三位新的宣教師抵達：蘭大
衛醫生[20]、梅監務牧師[21] 與廉德烈牧師[22]。蘭大衛醫生與梅監務

---

[19] 宋忠堅牧師（Rev. Duncan Ferguson, 1860-1923），英國蘇格蘭人，曾任《台灣府城教會報》主筆與長老教中學校長。因其與巴克禮引日軍和平進台南府城，同時獲贈日本五等旭日勳章。《南部大會議事錄（二）》（台南：台灣教會公報社，2003 年十一月）有〈宋忠堅牧師小傳〉，p.269。

[20] 蘭大衛醫生（Dr. David Landsborough, 1870-1957），俗稱老蘭醫生，英國蘇格蘭人，在 1895 年十二月八日，與梅監務、廉德烈一同抵台，後與梅監務合作，發揮醫療傳道的精神，迅速拓展福音。他的醫療事工，也為現代彰基醫療體系奠基，與其妻連瑪玉且有「切膚之愛」的佳話。（《蘭醫生媽的老台灣故事》，連瑪玉著，鄭慧姃漢譯，阮宗興校註，台北：前衛出版社，2017 年，pp.321-336）

[21] 梅監務牧師（Rev. Campbell Naismith Moody, 1865-1940），英國蘇格蘭人，生活儉樸，甘為霖甚至戲稱他為「英國乞食」，但他全力投入中部地區的宣教，並創設二十幾間教會，他縮衣節食，購地建堂，前後奉獻近萬元。其著作甚多，與甘為霖並稱一時瑜亮，晚年且成為著名的神學家。

[22] 廉德烈牧師（Rev. A. B. Nielson, 1863-1937），英國蘇格蘭格拉斯哥人，在台三十三年，終身未娶，曾任長老教中學校長、台南神學院院長與台灣教會報主筆等職。本書原文將他的姓氏 Nielson，誤植為 Neilson，此應為教會公報社復刻時所誤植。

1912年第一屆台灣大會於彰化教會舉行（前排左三爲巴克禮牧師，中央持圓帽者爲甘爲霖牧師）

牧師受派，在台灣中部的彰化開拓新禾場，事工一直都很成功。
1896年設立第一個中會[23]，由宣教師做爲常任會員。1912年，南
北教會在兩年一度的第一屆大會合一。

　　不久之後，日本教會開始關心在台灣的同胞的福祉。1897
年，日本基督教會在台北開設教會，其他教派也陸續跟進，有公理
會、聖公會、浸信會、救世軍、基督復臨安息日會。幸好台灣沒有
受到教派主義的影響，至少實際上只限於羅馬天主教和我們的教
會。

[23] 1896年所成立的不是書中所說的「中會」Presbytery，而是「大會」Synod，所以
《南部大會議事錄（一）》（台南：台灣教會公報社，2003年十一月）首頁開宗
明義的說：「耶穌聖教各堂長老共聚於郡城新樓中學校公同議定應就此時設成長老
大會。」但是在《台南教士會議事錄》中，也稱呼這次會議是：Presbytery of South
Formosa，所以應該是長老教會今昔制度有異之故。

台灣目前人口約有五百萬，由三大種族組成。第一種是約有138,000 人的原住民，共有八族[24]，住在山區跟東海岸。荷蘭人曾向他們的祖先傳教，後來漢人移民不斷增加，迫使他們離開肥沃的西部平原。有人認為，原住民獵人頭，有一部分是為了自衛，而這項做法後來跟他們的宗教緊密結合；不過這種習俗可能更早就存在了，與婆羅洲的達雅族（Dyaks）一樣。日本人用武力鎮壓山區，野蠻人被嚴格限制在一定的區域。然而也有出現暴動，最近一次是1930 年十月發生在霧社[25]。跟許多原始族群一樣，原住民的群體內部有很高的道德標準。不幸的是，維繫群體的社會制裁遭到世俗文明破壞。日本為原住民提供一點點基礎教育，主要是為了教導日語，也用來破除他們生活周遭的迷信，可是沒有以相對應的真理來替代迷信。雖然我們一再呼籲，不過依然沒有辦法觸及這些人，主要是因為政府不允許我們在野蠻人的領土傳福音，也有一部分是因為宣教人力不足。

第二種是超過四百萬的台灣人，是 1600 年起渡海來到台灣的漢人後代。他們主要是講廈門話的漢人，不過也有大約二十萬的客家人，兩者在服裝語言上有所不同。漢人在台灣擴張期間，有許多野蠻人開始講漢語、穿漢服，雙方之間也有通婚。平埔番就是異族通婚的結果，他們住在山腳，性情外表跟平原的漢人有顯著差異。

第三種是日本人，數量約有二十五萬。他們大多在政府部門工

---

[24] 日治時期，日本學者將台灣原住民區分為平埔族與高山族，而高山族又分為九族：泰雅族、賽夏族、布農族、鄒族、魯凱族、排灣族、卑南族、阿美族、達悟族。

[25] 霧社事件（1930 年十月二十七日至十二月一日），是日治時期，在台灣發生的賽德克族武裝反日事件，事件起因，乃是原住民不滿日本當局，長期的苛虐政策，而由馬赫坡頭目莫那・魯道率眾攻擊霧社日人，所引發的一連串武裝衝突事件。

作，──軍人跟文官，還有任職於鐵路、銀行與學校等等。

　　日本政府使這座島的實體發展，出現了革命性改變：建造鐵路、鋪設道路、引進公共衛生設備、打造現代街道與建築。他們接手本地工業，全面現代化，台灣人的主要職業：農業，特別受到關注。任何水源充足的地方都種植稻米，因爲一年當中大部分時間，稻田都必須浸泡在水裡。灌溉系統已經完成，不過歷史悠久的水車，目前還在使用，水牛和木犁，也沒有被取代的跡象。甘蔗田隨處可見，糖業跟其他工業一樣，實際上由政府掌控。工廠到處都有，有些還是世界上最先進的廠房，高聳的煙囪，顯眼地矗立在平原上。

　　茶樹主要種植在北部，出口貿易量很大，尤其是香味濃郁的烏龍茶。北部山區有樟樹，工人當場從木片提煉樟腦，這種有利可圖的工業，在日本佔領之前就已經運作多年，但當時運用的方法比較原始。這肯定可稱作「危險貿易」，幾乎每天都有野蠻人攻擊工人。就連 1898 年，也有六百三十五人因而死傷。野蠻人並非全然無故攻擊，因爲砍樹熬腦，造成以狩獵爲主的野蠻人失去生計，而且，漢人通常藉由背信或武力來獲得土地。

　　嘉義有日本帝國最大的鋸木場，每年處理兩百萬立方英尺的木材。主要的供應來源是阿里山（廣受青睞的旅遊勝地，離海四十英里，高七千五百英尺）附近的伐木區，利用從嘉義深入山區的窄軌鐵路，將原木搬運下來。

　　北部開採黃金跟煤礦，煤礦是這座島第三重要的出口品。用電幾乎隨處可得，干治士湖（Lake Candidius，日月潭）的水力發電系統完工之後，電力將會更便宜充足。

　　從經濟觀點來看，台灣的資源開發效率，相當於西方的水準。這麼說，乍看之下，似乎跟大眾日常工作運用的原始方法相牴觸，不過這是因為目前生活水準不高，人力比機器便宜所致。雇用苦力在田裡工作，一天是八十錢（大約是一英鎊），女性則是一天四十錢。

　　因此，以農業來說，政府在往後多年，都還會繼續仰賴台灣人天生的勞動力，以便他們從每一吋可用的土地上，取得最大的利潤，而不需引進節省人力的機器。

　　我們應當明白，日本統治下所施行的嚴格控制與監督，是少數國家所能及的，這點不只適用於工業，也適用於跟我們差會事工關係更密切的其他領域，如果我們要對於現況，或將來的可能性做出真實的評估，就必須考慮到這一點。不過，這讓我們的宣教師，免於背負在其他國家，所必須面對的許多難題。我們的財產性命安全無虞，政府沒有直接介入我們的事工，唯一阻礙台灣教會大步邁進的是，我們這些英國和台灣的基督徒，這裡的成敗，在相當大的程度上，會用來衡量英國長老教會，在期望見證上帝國來臨的熱切程度。毫無疑問，上帝總是願意，將智慧與慈愛的諸般能力，灌注在已經準備好，且要領受的人身上：「你們的父，樂意把國賜給你們。」[26] 祈願我們教會的青年，有堅強的信心，盡責的為基督，贏得這座美麗的福爾摩沙島。

---

[26] 語出〈路加福音〉十二章三十二節。

問題討論

1. 請分享你們對於台灣這個宣教禾場的第一印象。你們有被吸引，認為這是個「景色宜人」[27]的地方嗎？

2. 我們能從荷蘭跟其他早期宣教師的方法中學到什麼嗎？

3. 請概述台灣人口的三大群體，並思考適合個別群體的宣教方法。

4. 請討論日本在台施政的益處，以及可能對於教會事工造成的影響。

參考書目

* 大衛森（James W. Davidson）：《福爾摩沙島：過去與現在》（*The Island of Formosa: Past and Present*）[28]

* 甘為霖：《荷蘭時代的福爾摩沙》（*Formosa under the Dutch*）[29]、《福爾摩沙宣教之成功》（*Missionary Success in Formosa*）

* 梅監務：《異教徒的心》（*The Heathen Heart*）、《福爾摩沙的聖徒》（*The Saints of Formosa*）

  歐文・魯特（Owen Rutter）：《穿越福爾摩沙》（*Through Formosa*）[30]

---

[27] 原文 Where every prospect pleases，語出自 The Missionary Hymn，加爾格達主教 Reginald Heber (1783-1826) 作品。

[28] 《福爾摩沙島的過去與現在》，James W. Davidson，陳政三漢譯，台南：台灣歷史博物館，2014 年九月。

[29] 《荷蘭時代的福爾摩沙》，William Campbell，李雄揮漢譯，台北：前衛出版社，2017 年十二月。

[30] 《1921 穿越福爾摩沙：一個英國作家的台灣旅行》（*Through Formosa: An Account of Japan's Island Colony*），Owen Rutter，蔡耀緯漢譯，台北：遠足文化出版社，2017 年九月。

** 連瑪玉（Mrs. Landsborough）：《福爾摩沙的故事》（*Stories from Formosa*）、《福爾摩沙的故事・續集》（*More Stories from Formosa*）[31]

+ 麥高文（Mrs. Macgovern）：《福爾摩沙的原住民》（*The Aborigines of Formosa*）

* 已絕版，不過宣教圖書館大多都有。
** 目標讀者為兒童。
+ 很有趣，但是沒有很精確。

---

[31] 連瑪玉（又稱蘭醫生媽）的這兩本著作，後來與另一作品《美麗島之旅》（*In Beautiful Formosa*）合併出版為：《蘭醫生媽的老台灣故事》，鄭慧姃漢譯，阮宗興校註，台北：前衛出版社，2017 年九月。

第二章

宗教背景與新興世代

　　有些讀者會覺得，第二章比上一章更加難懂，更加無趣。這一章確實比較艱澀，較不容易吸收。不過我們相信，我們教會的青年會毫無畏懼的認真研讀，藉此將能夠更確切理解，我們的宣教師必須面對的情況。因此，你們要盡力掌握這一章的內容。對一些胃口比較小的人來說，如果覺得份量太多，可以把這一章分成兩個部分來咀嚼。

　　這一章的目的，在於概述台灣人，——不包括原住民，的宗教信仰和習俗，及其如何影響新興世代的生活。大致上，這些信仰就是他們的祖先，在三百年前從中國本土帶來的。

　　中國的三大宗教是儒教、佛教和道教。除了這三種宗教，也必須將所謂「泛靈論」的原始宗教形式列入考量。泛靈論認為，有生命或者無生命的物體都有靈魂，例如外觀奇特的石頭、樹木、水井、河流等等。到處都有神靈，冒犯神靈會招來不幸、疾病，甚至死亡。有些漢學家，如高延，❶ 就主張泛靈論是漢人的原始宗教，至今依然是他們宗教信仰的核心。理雅各博士等人則主張，❷ 古老

---

❶ 楊・雅各布・馬里亞・德葛羅特（Jan Jakob Maria De Groot, 1854-1921），漢名高延，荷蘭人，漢學家與教會史學家，他對中國的墓碑與馱碑，特別有興趣，亦有相當細緻的研究。

❷ 詹姆斯・萊格（James Legge, 1815-1897），漢名理雅各，英國蘇格蘭人，著名漢學家，曾任香港英華書院校長。翻譯諸多中國經典著作，包括將《大秦景教流行中國碑》譯成英文。文末推薦書目中的《中國的宗教》，出版於1880年。

的歷史證據與經典，證實中國的原始宗教是一神論，不過也有次等
神靈的信仰與其並存。隨著時間推移，存在於中國的各種宗教元
素，混合成不太一致的信仰和禮儀，充滿迷信色彩。漢人遷移到台
灣，所帶來的宗教傳統就是這樣，而現況對此進一步造成影響。日
本在 1895 年佔領台灣以後，儒教漸漸失去原有的威望。守舊的學
者幾乎不復存在，日式教育搭配筆畫較簡單的日文，迅速排擠儒家
引以為傲的中文。中國經典的消失，給儒教帶來最致命的打擊。儒
教的倫理準則大多被人遺忘，唯一倖存的元素是祖先崇拜。在過
去，孝道藉由祭祖獲取養分並保有活力，如今在新興世代的個人主
義趨勢下，孝道似乎難以為繼。在不久的將來，儒教將會實質消
滅，不再是群體生活當中真正的倫理或者宗教力量。儒教即使在鼎
盛時期，也從來沒有多少宗教價值，其冷酷的倫理本質，不符合人
類的宗教需求，這也是最初佛教傳入中國及其盛行的部分原因。

　　近年來，佛教為了自保，出現了某種復興。然而，佛教正在失
去對於台灣新興世代的掌控。面對現代教育勢不可擋的科學觀念，
佛教沒有辦法維持從前的影響力。這些西方思想文化的元素，以日
本為媒介，正大量湧入台灣。此外，全島各處都可以感受到，為數
四萬的基督徒群體，正默默地傳播基督教的概念和信仰。因此，佛
教也開始仿效某些基督教會的方法，例如設立青年組織、給兒童唱
經文歌、向男女公開宣講。但實際上，一般人對於佛教的禮儀一無
所知，只有茹素的嚴謹信徒，才會努力遵守更精緻的佛教倫理教
導。

　　廣受歡迎的道教，與經典裡頭的道家有所不同，或許可說是將
原始的泛靈論，或多或少地組織成一套宗教信仰與實踐。為了與引

進中國的佛教抗衡，道教開始採用佛教的某些特色，例如寺廟、修道院和神像。另一方面，佛教也接收很多道教的迷信元素。於是，這兩種宗教的信仰活動幾乎密不可分。現代科學知識當然敵視這一切，但是台灣大眾依然受到它們的束縛，為了迷信，投入大把的金錢。他們花錢讓靈魂脫離煉獄，或是看風水找墓地，或是為了婚葬及其他目的看日子，種種支出讓貧窮階級長年悲慘困窘。

借用某位作家評論韓國的字句，我們可以說，一般的台灣人在社會上是儒教徒，高談闊論時是佛教徒，遇到困難就變成敬拜神靈的信徒。想知道一個人的宗教為何，要看他遇到困難的反應，如果他有信奉宗教，他真心信奉的宗教就會在這種時候浮現。因此，我們可以說，台灣人的底層宗教是神靈敬拜，也就是泛靈論，至於奠基其上的其他東西，都只是表層結構。

台灣的偶像崇拜

以上所述，可能會讓人認為台灣人很迷信，但不會虔誠。

如果以猶太教或基督教做為對照基準的話，我們很難說，台灣人是有宗教信仰的。他們向偶像祈求，而不是如中國經典所述，向至高存有祈求。他們也不是祈求屬靈祝福，而是祈求實質利益，例如痊癒、子嗣、豐收、興旺。另一方面，只要想到這座島有數百間寺廟、道場和路邊的神壇，有多少比丘、比丘尼、道士、道姑經常施行禮儀，我們很難說台灣人不信宗教。這些令人厭惡的偶像，──很多都需要修復，有些已經無法修復了，確實讓信徒對任何跟宗教敬拜相關的事，無動於衷。這些寺廟骯髒凌亂，裡面的人行為不可取，難以有真正的敬拜。一般來說，他們不太尊重偶像。源自

印度的慈悲女神「觀音」，跟源自中國的海洋女神「媽祖」，是台灣人最常祈求的偶像。媽祖也稱爲「天后」，數代以來都是台灣最受歡迎的敬拜對象，島上到處都有媽祖廟。

久旱難逢甘霖的時候，信徒會祈求「媽祖」降雨。要是她沒有應允，信徒會把媽祖神像搬到廟埕，放在烈日之下，用來表示心中的不滿，或是讓他們的祈求更有效，藉此改變天意。

目前所謂的宗教節慶，已經混雜諸多商業元素。媽祖出巡，爲舉辦節慶的地方，帶來大批群眾，跟「倫敦市長閣下的大遊行」一樣。❸ 這些群眾前來，娛樂目的勝於宗教目的。鐵路和巴士公司，從中獲益不少，商人也是，尤其是那些利用人們迷信心理的商人。不過，對於基督信仰來說，拜偶像沒有像祭祖那麼嚴重。揭露拜偶像，徒勞無益，不會引起反彈，但處理祖先崇拜，卻必須溫和明智才行。

台灣的神道

台灣在 1895 年成爲日本殖民地以後，新政府引入國教：神道。日本人在主要城市設立神社，鼓勵身爲新臣民的台灣人，在國定假日到神社參拜。節日時，公立學校各年紀的男女學生，在當地神社，按照身分排成長長一直線，恭敬鞠躬，這種情景雖常見，卻也引人注目。

雖然官方的目的是培養愛國情操，不過神社是宗教機構，國家

---

❸ 「倫敦市長閣下的大遊行」（Lord Mayors' processions），又稱 Lord Mayor's Show，這裡所謂的倫敦市，特指倫敦市中心的歷史區與金融區，這個慶典始於 1215 年，在每年的十一月第二個禮拜六舉行，至今已有八百多年的歷史了，幾個世紀以來，這個遊行，一直是倫敦人民最喜愛的節慶之一。

神道的傳播，勢必會影響人民的宗教觀點。因此，本章關於「宗教背景」的部分，在最後必須簡述一下國家神道。

　　關於比較宗教或者日本的書籍，大多會提到神道，它最初是泛靈論的原始宗教，包含祖先崇拜的元素。有些學者主張，神道敬拜的神祇，是人格化的自然現象，例如太陽或風；其他學者則主張，他們是日本人種的原始祖先。不過學者全都同意，神社從最初就在一定程度上跟國家生活，特別是皇室，密不可分。數百年來，神道實際上被佛教所吸納，不過它在十七世紀和明治維新的時候，得到復興。引進現代科學知識以後，政府試圖將神道中的民族精神，跟關係密切並廣受歡迎的原始宗教區分開來。1889 年頒布的憲法，保障特定限制之下的宗教自由。政府為了釐清情況，決定將神道詮釋為不是宗教，而是以皇室為中心的國教。官方的神道，跟各種盛行的神道派別區分開來，前者由內務省底下特別設置的神社局掌控，後者跟其他宗教一起，歸在文部省的宗教局底下。因此，官方公告國家神社不是宗教，而是保存國家古老傳統的愛國機構。

　　雖然官方公告神社不是宗教，不過有些典禮跟活動仍然繼續舉行，例如吟誦祈禱、出售御守、潔淨儀式等，這讓基督徒與佛教徒感覺綁手綁腳，無法以忠誠公民的身分參與神社的節慶。他們抱怨政府換湯不換藥，拒絕乖乖順從。政府最後指派委員會調查國家神道的制度，判斷是否為宗教。與此同時，基督教協議會（National Christian Council）針對這項議題，進行全面性研究，將他們的看法告訴委員會。他們要求釐清一切模糊地帶。如果神社不是宗教，就請政府移除儀式當中仍有的宗教元素。如果神社是宗教，就不應該強制出席。委員會討論多年，最後在 1932 年解散，無法達成共識。

內務省公告神社是「超宗教」，因此忠誠的臣民，無論信奉哪一種宗教，都有責任要出席。

　　這項公告使得文部省騎虎難下，因其一向主張政府的教育無關宗教。在「非宗教」的教育系統底下，可以要求學生履行「超宗教」的責任嗎？教育當局提出的解釋是，要求學校學生參拜，在神社前面鞠躬，只是爲了提倡愛國情操。教廷使節取得了文部大臣確切的聲明，表明出席神社在本質上無關宗教。對於神社是否爲宗教這項大哉問，基督教協議會的看法有所保留，但贊同文部省詮釋，參拜神社無關宗教的聲明。因此，目前基督教學校在當局有所要求的地方，會前往神社參拜。日本政府在台灣這種殖民地，特別急於

1938 年長老教中學師生被迫參拜神社

培養愛國情操，而參拜祭奉北白川宮能久親王的神社❹，——他於日本征台期間喪命，最能明顯表現出忠誠度。

　　學校對於這件事的政策，無可避免地懸而未決，這是我們台南長老教中學，最近遇到麻煩的原因之一。數週以來，報紙的言論，直接攻擊學校這一點。學校的理事會先前已批准學生自願出席，最後決定，若澄清神社爲非宗教性質，學生可以集體出席。在學生去神社之前，學校先於禮堂舉行，基督教的北白川宮能久親王追思禮拜，並向學生解釋神社無關宗教。如此，學生就不太會對於神社抱持宗教情感，去的時候，也不會被感動而參與敬拜。❺

　　然而，基督教會面對更大的危險，不只台灣跟日本，在德國、法國、美國、英國也是。無論政府運用的方法是神道、納粹或法西斯主義，基督徒都要提防政府扭曲教會來神化國家。日本關注著德國的政教衝突，局勢大大取決於路德會如何抵抗納粹的要求。

　　在正確的詮釋之下，神道的典禮，體現日本人敬愛皇室先祖的民族精神，在堅守基本原則的情況之下，基督徒或可採取贊同的態度，來詮釋這些代表民族精神的至高價值。然而，在當前世界各國，採取排他性的國族主義的趨勢下，日本的教會及其他國家的教會，必須站出來支持，更廣闊性的基督教國際主義，勇敢宣告教會

---

❹ 北白川宮能久親王（1847-1895），曾至普魯士軍校深造，馬關條約後，任攻台司令官，攻台期間，染病死於台南，後建台南神社，並以每年十月二十八日爲例祭日，供人參拜。

❺ 長老教中學的神社參拜事件，因事涉學校立案與否，致校方分成二派，前後爭執數年，蔡培火在其日記中，批評林茂生支持參拜云：「貪求做官而放棄長老教中學…」（1931年四月二十一日），但據林氏之子，林宗義教授的說法，卻說其父是堅持不參拜神社的典範。雖然，教士會決定不許中學生參拜神社（1931年四月教會公報），但是，正如本文說的，校方最後還是同意參拜神社。

相信獨一上帝，「他從一本造出萬族的人，住在全地上」。❻ 上帝沒有特別鍾愛哪個民族，祂揀選萬族來實行旨意。每一個國家都為了服務世界做出貢獻，「萬國的珍寶必都運來，我就使這殿滿了榮耀」。❼

新興世代

這就是台灣人日常生活的宗教背景。這對於他們有何影響？請讀者對照英國人目前的宗教背景。我們的基督教傳統，對於英國一般青年有何影響呢？儘管基督教組織舉辦各種活動，不過英國大部分青年對於教會態度冷淡，對於電影、運動、爵士反而更有興趣。可是，他們沒有辦法完全拋棄英國人的基督教傳統，也不想徹底丟掉構成我們國家生活基礎的基督教信念。

同樣的，上述的台灣宗教背景，似乎對於台灣青年的日常生活沒有顯著影響。古老的宗教習俗也許失去了對於新興世代的掌控，不過，它們仍然是人們心理的重要部分，實際上依舊主導人們的生命態度。

台灣的社會秩序正在快速變化。團結的傳統家庭逐漸瓦解，父母日漸喪失對於新興世代的掌控。引進現代教育以後，兩性在更開明的社會秩序當中一同成長。年輕女性得以從事各種職業。兩性之間密切的往來，不只困擾年輕人，更為父母帶來新的難題。以前婚姻都由父母安排，現在許多年輕人想要自己決定婚事。以前相愛不

---

❻ 語出〈使徒行傳〉十七章二十六節。
❼ 語出〈哈該書〉二章七節。

是結婚的要素，新郎新娘通常到婚禮當天才初次見面。以前是掌權的婆婆買下媳婦帶進門，但是現在，年輕夫妻建立自己的家庭並不罕見。父母阻礙年輕人的婚姻，經常是造成自殺的原因。

旅遊設施、公共衛生改善，與透過報紙廣播傳達資訊，及其他有益的特徵，爲台灣人的生活帶來巨大的改變。不過，某些不討喜的元素也隨之而來。當前的道德標準較以往放蕩。可疑的娛樂場所、聲名狼籍的店家，無論有沒有許可證，都在不斷倍增，敗壞青年的品德。上述皆嚴重影響新社會秩序的道德進展。此外，透過純粹的世俗教育，所引進的西方文化與文明，使年輕人普遍厭惡迷信和宗教。馬克思所說的「宗教是人民的鴉片」，被台灣的青年所接受，並在他們之間一再被複述。台灣政府提供給青年的現代教育，以科學知識爲基礎，自然而然削弱他們對於父母輩的粗俗信仰所抱持的信心。但除了英雄崇拜，和灌輸民族的精神外，沒有其他東西來接替信仰所留下的空缺。因此，台灣青年非常需要道德與靈性的指引，唯有超越人類的力量，才能帶來社會與個人的救贖。

光明面

儘管有上述背景的黑暗面，但鼓舞人心的是，台灣的非基督徒青年，從來沒有像現在這樣，已準備好要聆聽基督教的信息。來到教會、市政廳、戲院、其他地方聆聽福音的人，大多屬於年輕世代。即使是老一輩的人，對於外國宗教的偏見也日漸消逝。爲了因應新的心態，從前採取的反對偶像崇拜的傳教方式，已經不適用，針對更開明的群眾當中的青年，使用的方法，必須更具吸引力才行。基督教的信息，已經觸及越來越多各階層的人。台灣的基督徒

青年，正面臨此一嶄新挑戰。

　　這就是台灣青年所處的宗教與道德情況。他們渴望抓住足以面對現世的信仰，而台灣教會的青年基督徒，明白自己對於非基督教群體的責任，我們為此獻上感激。我們的心豈不支持子會的青年，讓他們在變動的宗教背景之下，將信仰建立在唯一的堅定基礎上面？我們豈能不幫助他們建造與上帝相稱的聖殿，讓台灣的新興世代，在其中找到真實且持久的事奉呢？

問題討論

1. 儒教在台灣的現況為何？
2. 目前台灣的佛教受到哪些不利的影響？
3. 基督徒在什麼情況之下應該前往神社？
4. 日本大使會去西敏寺出席國家典禮而對他的佛教信仰做出妥協嗎？
5. 神道有可能培養出狹隘的民族主義嗎？
6. 你們會說台灣人篤信宗教嗎？請指出原因。
7. 台灣青年目前對於宗教的態度為何？
8. 請討論「如果君王說『朕即國家』不好，暴君主張『國家就是上帝』則更糟糕一千倍」。

參考書目

理雅各（Legge）：《中國的宗教》（*The Religions of China*）

高延（De Groot）：《中國的宗教》（*The Religions of China*）

希里托（Shillito）：《國族主義》（*Nationalism*），S. C. M. 2/6

汲約翰（Campbell Gibson）：《華南的宣教問題與宣教方法》（*Mission Problems and Mission Methods in S. China*）

派頓（W. Paton）：《耶穌基督與世界宗教》（*Jesus Christ and the World's Religions*），耶路撒冷會議報告第一卷

凱夫（Cave）：《鮮活的東方宗教》（*Living Religions of the East*）

蘇慧廉（Soothill）：《中國三大宗教》（*The Three Religions of China*）

麥克雷根（Maclagan）：《中國宗教概念》（*Chinese Religious Ideas*）

盎德伍德（A. C. Underwood）：《神道》（Shintoism），Epworth Press, 2/6

邦薩爾（B. F. Bonsall）：《儒教與道教》（*Confucianism and Taoism*），Epworth Press, 2/6

沃德（C. H. F. Ward）：《佛教概述》（*Outline of Buddhism*），Epworth Press, 2/6

將信息傳進人心

「基督教的信息正廣泛觸及各階層的人。這是新的挑戰。」

這一章的主題是如何因應這項挑戰，以及向人民展示信息的幾種方式。筆者論及福傳事工，包括：需求與我們的任務、我們傳福音的方法、我們的難題與機會，對於實際上傳遞的信息內容著墨不多。讀者可以藉著上一章，提到的宗教情況，與自己的基督教經驗，來勾勒足以因應台灣人需求的福音，對於他們來說，耶穌基督同樣是他們最大願望的完全實現，祂是權柄、智慧、上帝的愛。

需求與我們的任務

為何要干涉日本人與漢人的個人宗教信念呢？我們能給他們甚麼有價值的東西嗎？這些問題，可以留給你們思考討論，不過請容許我們簡要提供一個具體例子，給你們納入考量如何？陳（Tan，音譯）先生是五十八歲的台灣人，他相當富裕，也很有影響力，曾是村莊的頭人，與街庄協議會的主席。他三十二歲左右，開始吸食鴉片，他告訴我們，在二十三年間，平均每天約花五圓（通常是十圓）買鴉片。[1] 他的意志力越來越薄弱，甚至無法準時到車站搭火車。大概 1930 年的時候，他兒子在街上聽到有人傳講福音，他的兒子

---

[1] 為了對比他奢豪的支出，我們可以看看在那些年代，傳道人的薪資（1907 年）：單身每月八元；已婚每月十元；每多加一小孩加一元；住在城區的再額外加一元。（《台南教士會議事錄》，1893 年八月，748.10，頁 903）

回家後就告訴他，最後的盼望在於基督。這個被鴉片束縛的上癮者
信了福音，接下來兩個月，他每天晚上失眠，腳步沉重地走在台南
的街道上對抗慾望。三年來，他參加基督教的禮拜，感謝上帝藉著
基督拯救了他。沒有傳福音，就不會帶來這種改變。

　　請將另一件事情列入考量。正如我們主耶穌的時代，今日在東
方向貧窮的人傳福音，伴隨著被擄的得釋放、失明的得光明、受欺
壓的得自由。在台灣這種非基督教的國家，人們或許勇敢地忍受苦
難，但是很少會以集體努力的方式，來消除苦難。要有基督徒的良
心、信心與同理心，才會率先站出來消除苦難。台灣的盲人事工，
由牧師甘為霖博士開始；直到戴仁壽醫生籌畫，❷ 如何因應島上
五千位痲瘋病人的需求，政府當局才開始著手解決問題。還有一件
事情不能忘記，東西方皆然，無論是現代文明的物質利益，或是科
學教育的知識啟蒙，都無法取代基督的完全救贖。

　　日本統治下所帶來的物質益處，不足以滿足台灣人最深層的需
求。即便到處都有電燈、電報、電話、巴士、鐵路、電台等等，人
民依然受到迷信的桎梏。不只婚葬、做生意、身體狀況必須求問偶
像，連在地上挖洞立杆，也有可能觸怒土地公！如同我們一位會友
所說，非基督徒當中沒有真正的友誼或交情。

　　他們對於我們之間，彼此的信任感到驚訝。想像一下，如果沒
有聖經、主日、禱告、讚美詩、拯救帶來的安慰、在基督裡找到的

---

❷ 戴仁壽醫生（Dr. George Gushue Taylor, 1883-1954），綽號戴土公，加拿大紐芬蘭
　人。曾在台南新樓醫院工作，後任台北馬偕醫院院長，他也是台灣痲瘋病醫療的先
　驅，在明有德與郭水龍牧師的協助下，創立「樂山園」，專門收容痲瘋病患。其間，
　也出版由其口述，漢學家陳大鑼筆記，圖文並茂，用羅馬字書寫的《內外科看護
　學》。

盼望，你們的生活會是如何？

　　我們的事工場域，在台灣南部的台中、台南、高雄這三個州。這裡有超過三百萬人，不過七十年來，我們的事工，幾乎都是針對漢人後裔的台灣人，這些人佔人口的九成。其中，五分之一是來自汕頭北方，丘陵地的客家人或者廣東人。因為客家人使用不同的語言，所以對於這群堅強、自力更生的人民，我們至今所能付出的關注極少。以公務員為主的日本人，佔人口的百分之五，在較大的人口中心，都有來自日本的牧師關照他們。另外，日本北部北海道的愛努族，宣教師已經與他們同在五六十年了，但在台灣，我們的原住民比愛努族多出十倍，至今卻還沒有全職宣教師向他們傳福音。我們尚未將《聖經》翻譯成原住民的八、九種語言，也還無法教他們讀聖經，因為他們沒有自己的文字。三四十年來，台灣一再大聲疾呼，要年輕力壯，勇敢的先驅，來為此事工獻身。如果你們能到禾場走一圈，就會明白在九成的台灣人口（漢人）當中，我們所能做的事工，遠遠超過我們現有同工的能力所及。我們島上的這一半宣教領域，居民幾乎都務農，約有三千個大大小小的村莊，平均人口是六百到七百。三千個村莊當中，只有一百一十二間教會。就算教會增加十倍，還是有信徒必須走很遠的路才能到達教會。受洗的成人與兒童，約佔人口的一百七十分之一，也就是說，在平均一百戶家庭的村莊裡面，僅僅只有一戶家庭擺脫迷信的恐懼，用豐盛的喜樂平安敬拜真神。這戶家庭，經常要面對另外九十九戶家庭的嘲笑與迫害，例如：「你死了以後，我們根本不會幫忙抬棺，不讓你好好下葬」，這種令人厭惡的威脅，對漢人來說是可怕的詛咒。全台約有五百萬人，而各教派的全職基督教事奉者約有二百五十位。

想像一下，如果一個英國牧師，要單槍匹馬負責一座城鎮，或者更糟糕的，要負責一片農業區的兩萬人，會是什麼情況？我們的任務就是那樣。

我們傳福音的方法

1865 年馬雅各醫生抵達台灣以後，他立刻展開醫療與宣揚救主基督福音的事工。這種雙管齊下的方法，最適合開拓事工。減輕人們身體暫時的痛苦，有助於帶領他們悲苦的靈魂，在基督裡找到永恆的解脫。北台灣的「黑鬚番」偕叡理博士，帶領神學生走遍各地，在人們還不知道有牙醫的時代，藉著拔牙來吸引群眾。我們必須記住，傳揚基督是在宣告奇特的外國教義，所以能夠接觸到群

偕叡理牧師拔牙

眾，除去他們心中的迷信與恐懼，就是一大進步。而能夠讓民眾
走進基督教建物裡面來聽「道理」，更是極大的跳躍，其意義比在
英國走進教堂的同樣行為深遠得多。因此，李庥、❸ 甘為霖、巴克
禮、涂為霖，❹ 這些早期的先驅者，透過來醫院治療的病人所開啟
的機緣等方式，進入散布各處的城鎮和村莊。中台灣的梅監務，頂
著熱帶豔陽，踏遍各村莊，透過吹奏號角，把人們招聚過來。孩子
們邊跑邊喊「耶穌來了，耶穌來了」。他開設的教會很多，他的事
工仍在繼續；他出版的《佈道論》依然是典範。劉忠堅，❺ 在台灣
南北服事二十七年，他在廟埕、戲院、公會堂、學校，用慷慨激昂
的演說吸引群眾。人們會驚訝他長著一副外國人的臉孔，因為他講
的聲調跟詞語就像一般的台灣人。甚至在此之前，我們就發現用幻
燈片是吸引群眾的好方法。本地傳道人通常會在村裡敲鑼，公告要
聚會。有一位傳道人發現，白天把圖片放在地上是個好方法，人們
很快就會圍成一大圈，伸長脖子要看那張圖到底是甚麼。我們在學
校可以使用圖片跟地圖，也教男孩女孩台語羅馬字，讓他們能用自

---

❸ 李庥牧師（Rev. Hugh Ritchie, 1840-1879），英國蘇格蘭人，於 1867 年七月十四日偕
　妻抵台，為英國長老教會派駐台灣的首位牧師，他為了能夠在客家地區宣教，還特
　別聘請「阿漆」教他客語。1879 年，因熱病病逝台灣府。其詳細生平與事蹟，刊載
　於同年的《使信月刊》十一月號。請參閱《使信全覽》，Vol. 26，pp.207-210。其墓
　碑相片則刊於 Vol. 43，1905.12，p.331。

❹ 涂為霖（Rev. William Thow, 1857-1894），英國蘇格蘭人，於 1880 年抵達廈門，隨
　即轉派至台灣。初抵台時，盧良為其漢文老師，曾任教於「大學」，其後，與金醫
　生（Dr. W. Murray Cairns）同派至彰化地區（1893 年），創中部地區醫療傳道之先
　鋒。《使信月刊》有刊其獨照與墓碑相片，請參考《使信全覽》，Vol. 36，1898，
　p.267。

❺ 劉忠堅牧師（Rev. Duncan MacLeod, 1872-1957），英國蘇格蘭人，1907 年以加拿大
　宣教師的身分來台，曾任台北神學校與台南神學校兩校之校長。著有《美麗之島：
　北部教會宣教禧年回顧與前瞻（中英雙語版）》，林昌華漢譯，台北：主流出版社，
　2021 年。

劉忠堅牧師家庭照

梅監務牧師在街頭佈道

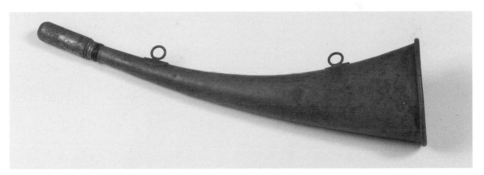

梅監務牧師佈道用的銅號角

己的語言來讀聖經。這些學生每日有早晚禱，主日有兩場禮拜，學校課表也有聖經課，在四五年內就能打下堅定的基礎。我們許多的教會領袖、平信徒、封立的傳道人跟牧師，都曾有過這樣的機會。

可是，我們到鄉下就發現，八成以上的人，日文或者漢字的程度不夠，沒辦法閱讀福音書或是簡單的小冊子。要找到一群人，願意用一個月左右的時間，每晚花一小時學習，直到能夠閱讀台語羅馬字，也是太過困難。這要先有靈命覺醒才行。最近的佈道會，我們就運用留聲機跟電影，尤其是《萬王之王》（King of Kings），與賀川豐彥 ❻ 的《一粒麥子》（Grain of Wheat）這兩部影片。政府當局在各地鄉間使用大量的標準 35 毫米放映機，主要是爲了宣導愛國精神（以戰爭影片爲主）、健康常識、政令，所以舊的幻燈片幾乎沒有吸引力了。我們最近發現，只要運用很棒的幻燈片（例如寇平[Copping] 的新舊約幻燈片），其間安插佈道演講，最後再放影片的話，就有可能讓群眾留到最後。對於鄉村佈道來說，這是大有可爲的方法，因爲現在台灣大多數的村莊都有電燈了。難處在於，要取得適合的影片。目前我們有足以播放一個半小時的影片，還有一台可以播放幻燈片跟標準影片的便宜機器。

　　跟日本本土一樣，我們近期展開了報紙佈道。這是五年運動的一部分，資金由劍橋西敏寺學院籌募。日本有九成以上的人能夠閱讀報紙，不過在台灣，只有一兩成的人能夠閱讀報紙，所以不太可能像在日本那麼成功。儘管如此，我們還是要對「多重進路」有信心，運用任何能夠讓人實際接觸基督，也跟聖靈相容的方法。個人佈道無疑是最出類拔萃的方法，在親友的密切關係之中講出話語，

---

❻ 賀川豐彥（Kagawa Toyohiko, 1888-1960），日本兵庫縣神戶人，是日本大正至昭和時代，一位舉世聞名的基督教社會運動家。他在就讀神學院之際，就利用課餘時間，刻意住進神戶貧民窟，開啟貧民窟之宣教醫療事工，並把這五年的經歷，寫成《越過死亡線》（1920）一書，這些經歷，造就他成爲深具魅力的社會領袖。在三十年代，他被公認是「最具世界知名度的日本人」，並於 1955 年被提名諾貝爾和平獎。至於本書提及的《一粒麥子》電影，則是改編自賀川 1931 年同名的作品。

用改信者的模範生命做爲證明。就像在英國一樣，當基督徒的生命沒有證明基督的大能時，我們的心中浮現悲傷。可是，台灣教會的教規比英國更嚴格；一旦有了道德敗壞之舉，不久就會被停止會員權。台灣社會中縱橫交錯著複雜的家庭生活，宣教的難處通常在於，如何在非基督教家庭當中，首先贏得一位改信者來做爲立足點。無知、恐懼、誤解、誤傳的程度太嚴重，很難找到能夠讓光線穿透進去的開口。有鑒於此，我們的一百間主日學與一萬名學生，象徵著無價的機會。我們神學院和女神學校的學生，除了協助主日禮拜跟女子的週二禮拜、參與戶外佈道會外，也大力協助台南附近的主日學。

女學生負責分散在台南各地新設的五間主日學。台灣女宣道會在未傳福音的廣大地區，勇敢地維持三間重要中心的運作。近來正在成長的運動，是開設附屬於教會的幼稚園，因爲政府不准許我們參與小學事務。這些幼稚園爲我們的事奉者開路，得以熟識階級較高的非基督教家庭。這類家庭通常會爲建造教會奉獻，但本身不會來做禮拜。在新的地區，一般要到二三十個家庭來做禮拜，才會建造教會，而且必須由他們自己負擔很大部分的建築費用。

我們的難題

第一，跟大部分的海外宣教事工一樣，難題在於用不熟悉的語言，將我們的信息傳進人心。目前，日本統治下的台灣人使用兩種語言，在學校、工廠、銀行、政府機關講日語，在家裡講閩南話。我們的事工至今以台語爲主，不過熟悉日語變得越來越重要。廣東人和客家人佔整體人口的七分之一，他們的語言截然不同。此外，

58

十四萬名原住民講七八種族語，族語間儘管有類似之處，卻也差異很大。因此，這裡很適合讓威廉‧克理這樣的人來大展身手！❼

　　第二，教會增長緩慢，及人們態度冷淡的重要原因，無疑在於很難將禮拜天分別出來，做為敬拜的日子。以前農夫過著勉強溫飽的生活，所以非常討厭一年要「浪費」五十二天去做禮拜。這點，在大多數的地方，依然是嚴重的阻礙。不過，現在即使生活水準有所提升，政府機關、學校等等週日休息，情況也好不到哪裡去，因為日本當局喜歡「娛樂禮拜天」❽，現在禮拜天往往充滿典禮、運動會、節慶、音樂會，人們也會搭乘無所不在的火車或巴士去拜訪親友，就連醫生與商人也知道，禮拜天一定比以前更忙碌。

　　第三，來自中國大陸與日本的基督教著作，雖然近年在領域和品質上有大幅提升，但我們的牧師跟傳道人，還是很難在其中找到，有益於新思路與研究的啟發。我們的台語羅馬字「教會月報」，❾雖然報導教會的消息，但兩年一次的大會，仍舊是我們主要的刺激來源。我們這些宣教師，即便擁有來自英國的文章跟書籍，在這裡服事五六年後也會感到麻木，那麼本地的牧師，他們整天面對了無生氣、毫無反應的社會大眾，該有多麼頹喪啊！難怪有

---

❼ 威廉‧克理牧師（William Carey, 1761-1834），英國安普敦人，他頗有語言天賦，所以他在印度宣教期間，將聖經翻譯成包括孟加拉語、印度語與梵語在內的多種語言，影響印度甚鉅，被譽為近代宣教之父。

❽ 「娛樂禮拜天」（Continental Sunday），相較於英美的禮拜日，是做禮拜與「安息」的日子，歐洲大陸的禮拜天則不然。

❾ 即 1885 年發行的《台灣府城教會報》，其後更名為《台南府城教會報》，未久又換成《台南教會報》，再至《台灣教會報》，再改為《台灣教會公報》，從此定名迄今。一百多年來，因其內容包山包海，可說是部橫跨台灣百年歷史的百科全書。目前全套報紙已經複刻出版，共七十巨冊，每冊約 600 頁，名曰《台灣教會公報全覽（1885~2002）》。

許多佈道的內容，是以批判偶像跟迷信為主，或是為基督徒並非不孝來辯護。我們有規劃協助本地傳道人研究閱讀，不過該做的事情還有很多，更充足的宣教人力能帶來極大的幫助。

　　第四，台灣有許多教會的平信徒，在非基督教村莊積極參與佈道會，不過這些人當中，只有極少數能用吸引非信徒的方式，說明基督教信息的本質。台灣的農業社區分散各地，在這裡，就連要提高全職傳道人的謝禮，變成每月二十到三十圓（通常是二圓），也往往極為困難。因此，像英國的救世軍，或者浸信會一樣，訓練及運用更多的平信徒，似乎是明智的做法。

我們的機會

　　第一，日本統治之下的台灣，交通十分便利，保羅會覺得在台灣四處旅行，比在羅馬帝國容易許多。我們從台南出發，在一天之內，幾乎就能抵達禾場的任何一處。這裡的鐵路及巴士都跟英國一樣準時。

　　第二，日本統治者名義上對於宗教保持公正的態度，不過他們至今都是協助，而非阻礙我們的基督教事工。我們的關係曾經相當友好，他們曾說，我們如果早點來會更好。馬克思主義在那一區曾經很猖獗。台灣享有的和平與秩序，跟英國差不多，生命財產在這裡，甚至更安全無虞。

　　第三，除了上述的幼稚園與主日學，就讀長老教中學、台南女學校、女神學校、神學院的六百名學生，還有數百位分散在全島各地的畢業生，都象徵將來的盼望，我們祈願可以善加利用。他們組成連結許多教會的青年團契，非常需要明智的領導。

第四，自從日本在四十年前來到台灣後，我們宣教師，一直是台灣人與日本人之間的中間人，這身分令人敬重，但是偶爾也有危險。我們在雙方眼中都很有威望，可以善用這種影響力，製造宣傳福音的機會。宣教師跟本地弟兄一起出去傳福音，肯定會讓台灣人更勇敢、更有活力。

　　第五，基督教信息，所引發的激烈對立跟殘酷迫害，目前大致已經平息了。只要能夠宣講適當、有力、引人注目的基督教信息，幾乎在任何地方，都可吸引並留住友善的群眾。誠然「莊稼已經熟了」！[10] 約有三萬名兒童和成人已經受洗。即便我們能增加受洗人數至百倍，我們的工作，不過是達成一半多一點點而已，但是天父的心，會不會仍然渴望更多已付贖價的子女回家？

　　這一章主要以海外宣教師如何傳福音的觀點寫成。我們多希望能有更多篇幅，來描述女宣道會的宣教師，在婦女和兒童當中獻身努力的事工。我們推薦全部的研讀小組，都要看關於連雅麗（Cullen）姑娘如何傳福音的台灣影片。它比其他影片，更成功地重現女宣道會服事的真實氛圍，深切傳達其難以估量的價值。

　　同時我們也不能忽略一件事。儘管我們幾位宣教師有傳福音的非凡恩賜，也有能力向異教徒宣講，來使他們接受，不過向數千人傳福音的偉大任務，必須由台灣基督徒自己著手。他們並非不知道這份責任，可是他們依然需要宣教師來激勵合作，宣教師會跟傳道人一起到村莊巡迴，與他們並肩同行，以忠告、鼓勵、禱告來支持他們。

---

[10] 語出〈約翰福音〉四章三十五節。

問題討論

1. 讓東方人信他們自己的宗教不會比較好嗎？爲何要干擾他們呢？
2. 基督眞的符合台灣人的需要跟渴望嗎？
3. 要向台灣的非基督教的心靈呈現基督，你們認爲使用哪一種方法最好呢？
4. 我們應該要如何對待慕道友或者新的改信者，讓他們的信仰能夠成長，越來越堅定，戰勝不利的環境呢？
5. 我們需要哪些特別的團體，以確保能觸及禾場中比較受忽略的區域，讓他們有機會聽到基督教信息呢？
6. 我們要如何讓不支薪的工作者更積極傳福音呢？

宣教師格言

「只要你不變得軟弱，就是極棒的生命。」

「千萬不要拒絕一杯茶，或是一次宣講的邀請。」

「在宣教師一生當中，前面的五十年最難熬。」

客家村二崙事件想像圖（金斗鉉繪）。1885 年信徒聚會時，遭到襲擊與粗暴對待，居民將穢物潑往巴克禮身上。巴克禮當時還規勸說：「若將這些穢物當作肥料豈不是更好？何必浪費在我身上呢？」

第四章
我們的醫院如何幫助？

　　大約七十年前，有兩位非常傑出，又年輕的醫學院畢業生，在遙遠的台灣打狗海灘登陸：馬雅各比萬巴德早幾個月抵達，❶ 馬雅各是英國長老教會派到台灣的第一位宣教師，萬巴德則是來打狗，擔任英國商人的社區醫生。這兩人都有熱愛開拓與冒險的蘇格蘭血統，以及最完備的英國醫學知識。1865 年，馬雅各醫生抵達這座島嶼，因為他率先來台，有醫術、有策略、又有魅力，忠於執行上帝的命令，於是成為「台灣教會宣教之父」。另一方面，萬巴德醫生（後來封為爵士），憑藉耐心研究、觀察和想像，投入身心調查當地的疾病，他的成功，給了世界認識疾病會透過昆蟲傳播的線索，因而被醫學界稱作「熱帶醫學之父」。這些年來，他們兩人展開的事工，陸續由許多獻身的繼任者，發揚光大。世界或許不認識他們，不過我們的父，認得他們是誰。

　　因著馬雅各的努力，台灣今日有生氣勃勃的本地教會，受洗會員有數千名，教會的教育恩賜跟靈命增長，也對於非基督徒帶來廣大的影響。因著萬巴德的辛勞，數百萬人得以康復，沒有死於熱帶的害蟲。兩人都是上帝賜給受苦世界的禮物，不過對台灣來說，馬雅各的名字將永垂青史。

---

❶ 萬巴德醫生（Sir Patrick Manson, 1844-1922），又名白文信或孟生（廣東話），英國蘇格蘭亞伯丁人。1871 年離台至廈門，之後再至香港，擔任香港華人西醫書院首任院長（即今日香港大學醫學院前身），孫中山是該院第一屆畢業生。1899 年，回英後創設「倫敦熱帶醫學校」，被學界尊稱為「熱帶醫學之父」。

馬雅各醫生家庭照

醫院特性

　　我們在南台灣的醫療事工，從四個醫療中心開始：台南、打狗、大社和彰化。目前僅存彰化和台南的醫院。按照時間順序來看，我們的醫療事工始於台南，當時馬雅各醫生試圖在台南取得立足點，可是，經過幾個月斷斷續續的努力之後，排外情緒實在太過強烈，迫使他不得不逃到打狗。他在打狗開拓事工，著手學習語言，為的是一旦機會來臨，就能盡快回到人口更多的首府。此時島上疫病肆虐，瘟疫、水痘和霍亂，這些周期性流行病，從港口蔓延到內陸，往山麓移動時更形猖獗。門診每天都會看到瘧疾、腳氣病、砂眼、奇怪的潰瘍和可怕的腫瘤。偶爾會有迄今未知也沒有人描述過的疾病，讓一天的工作變得更加刺激。不過，「醫療先驅者」從來沒有忘記台南，他等候機會三年，情況一允許，就回到台南開設一家小型診療所，其現址為警察局。從那時起，宣教的醫療事工，就有持續的進展與成就。

台南

　　在一連串敬業的醫護人員的接棒指導之下，台南的事工穩定進展。醫院曾一度為了因應數量龐大的求診病患，而蓋新建物、增加人力，對負責人造成極大的壓力。病患數量直到近年才開始減少，原因是，財力雄厚的公立醫院，和城裡五十多位畢業的開業醫生，對醫院造成非常激烈的競爭，更別提仍然有很多人，寧願選擇非正規的藥草師和整骨師。目前的醫院，在馬雅各二世醫生（他此刻在上

海的雷士德學院）管理期間，❷影響力和聲望達到最巔峰，安彼得❸、
周惠憐❹、戴仁壽醫生等，也有功於這種高品質的服務傳統，台
南城方圓五十英里（八十公里）內的病人，都被吸引而來。雖然德
馬太❺、萊約翰❻、金爲霖❼、鐘寶能❽醫生等，服務的時間比較
短，不過他們在同僚休假期間，都有著非常熱心且成功的貢獻。

---

❷ 馬雅各二世醫生（Dr. James Maxwell, Jr., 1873-1951，在台期間：1901-1923），又稱
「少年馬醫生」，英國蘇格蘭愛丁堡人，除了登革熱之外，他在寄生蟲學與麻醉醫學
方面，貢獻卓著。《使信月刊》有其夫婦攝於手術房的相片。（《使信全覽》，Vol.
40，1902.10，p.273）

❸ 安彼得醫生（Dr. Peter Anderson, 1847-1913），英國蘇格蘭人，1879 年來台，至府城
醫館服事，未久，開始著手計劃建新醫館，1900 年落成，更名「新樓醫院」。1902
年休假期間，申請回台後轉調高雄「萬大衛紀念醫院」（後更名爲 Manson Mission
Hospital），《使信月刊》有安彼得醫生夫婦及其女 Catherine 的相片。（《使信全
覽》，Vol. 45，1907.2，p.38）

❹ 周惠憐醫生（Dr. Percival Cheal, 1886-1957，在台期間：1919-1932），又名周惠霖，
英國人，曾與馬雅各二世醫生、蘭大衛醫生，共同出版白話字之醫學用書：《台
南、彰化、長老教醫館、公用的藥方》，這是台灣第一本有系統，且以台語羅馬字書
寫的藥典。書中的特色是，在專有名詞方面，均以原文呈現，不做翻譯，應該是給
台灣人的醫生，做爲開處方箋的口袋書。

❺ 德馬太醫生（Dr. Matthew Dickson，在台期間：1871-1878），英國人，接替馬雅
各醫生，負責府城醫館，其醫術高明，甚得府城道台信任，他的事工概況，常見
於《使信月刊》。1878 年突然請辭返英，《台南教士會議事錄》有同僚的感謝詞
（22.1）。

❻ 萊約翰醫生（Dr. John Lang，在台期間：1885-1887），於府城舊醫館服事，1888 年
申請調至中國廈門，但二年後，從中國來函「教士會」，要求與盧加閔醫生對調，希
望能在台灣實踐其醫療傳道的理想，但是，「教士會」不同意。（《台南教士會議事
錄》263.3，1889.1.24）

❼ 金爲霖醫生（Dr. W. Murray Cairns，在台期間：1893-1895），先至府城學語言，
後派至中部地區，與涂爲霖牧師在彰化地區，共事一年。中法戰爭期間辭職離台返
英。

❽ 鐘寶能醫生（Dr. Dansey Smith，在台期間：1923-1927），又名鍾寶霖或寶靈，爲英
國循道會宣教師，於 1903 年左右，至中國廣西梧州醫療傳道，其後來台四年。

打狗

　　原本在打狗進行的醫療事工，於 1868 年移到台南後，打狗的會眾，在幾年間幾乎完全消失。1900 年，有第二位醫生受派到台南，於是有機會再次在打狗設置宣教醫院，因此，馬雅各二世醫生受派到台南，首先開設新樓醫院的安彼得醫生，則被調到打狗，在島上最南端，發展醫療傳道事工的遠景，吸引著安彼得醫生。安彼得醫生夫婦在此竭盡全力工作五年。最後，安彼得醫生在獻身事奉

安彼得醫生

二十八年後退休。打狗中心沒有同工人選，終究被售出，所得用於發展台南的事工。

大社

　　要描述中台灣十分成功的醫療事工，就要介紹三位傑出人物：蘇格蘭皮特洛赫里（Pitlochrie）小鎮邦斯凱德（Bonskeid）氏族的羅伯特・巴伯牧師（Rev. Robert Barbour）、大社的盧加閔醫生 [9]、彰化的

❾　盧加閔醫生（Dr. Gavin Russell, 1866-1892），又名盧嘉敏，英國蘇格蘭愛丁堡人，1887 年十二月二十二日抵台，──許多資料根據《台南教士會議事錄》一書前面的〈Complete List of English Presbyterian〉名單，誤植其來台日期為：1888 年十二月二十四日，或僅弄錯年份（如彰基網站等），而事實上，依據《台南教士會議事錄》，1888 年一月四日的會議中報告，盧醫生已經於上月二十二日抵台，而且本人亦參與此次會議（261.1），由此可見，以訛傳訛之害。1890 年三月，決定設大社教會與醫館，其後，與甘為霖牧師視察澎湖。1892 年七月，病逝嘉義，年僅二十五歲。

蘭大衛醫生。中台灣的醫療事工，因著巴伯家族慷慨奉獻而展開。1889 年，盧加閔醫生在大社開拓醫療事工，設立一間三十床的醫院，事工充滿熱情與指望，可惜他罹患傷寒過世，未能繼續做出傑出貢獻，事工不得不閒置三年。

彰化

盧加閔醫生過世不久之後，蘭大衛醫生便抵達台灣。他重新評估醫療事工的機會，決定放棄大社的據點，把重心放在彰化，——周遭更有希望的禾場。他的決定，加上四十年來的不間斷的事奉，使彰化醫院成爲台灣醫療傳道最美好的果子。台灣人口中的「蘭醫生」，以身心靈引領我們最忙碌的醫院，如今，從台灣最北端，到最南端都頗具聲望，他令人愛戴的個性，無論在教會或門診，都是鼎鼎大名。

近年來，蘭大衛醫生日益繁重的事工，由於有文甫道醫生 ⑩ 受派前來協助，而得以緩解。文甫道醫生除了一般的工作外，也承擔醫院商業管理的重任。1933 年，爲了讓各間醫院的利益達到最大，文甫道醫生轉調到廈門地區的泉州醫院，讓甘堯理醫生 ⑪ 離開該中心，調來跟蘭大衛醫生共事。我們目前正在評估，在彰化蓋新建物跟重建的方案。

---

⑩ 文甫道醫生（Dr. R. H. Mumford，在台期間：1925-1933），英國人，關於文醫生資料甚少，目前僅知，他在退休後，曾赴馬拉威邊境的 Likoma 島，在聖彼得醫院協助醫療事工，並呼籲英國退休之醫生，也能貢獻一己之長，幫助非洲爲疾病所苦的人民。（*The Central Africa Journal of Medicine, Jun.* 1963）

⑪ 甘堯理醫生（Dr. Graham Cumming, 1906-1998），英國蘇格蘭人，性喜寫詩，1930 年抵台南學語言，次年派駐泉州醫院，1934 年至彰化醫院協助蘭大衛醫生，後接任院長，1937 年離台。

蘭大衛（左）與文甫道

護理服務

　　早期我們醫院的住院病人，選擇讓好意但知識不足的親戚，來照顧他們，結果有不少開刀成功的病人，因爲後續照料情況不佳，甚至因爲缺乏照料，而病情惡化。訓練護士是漫長而艱鉅的任務，他們大多將接受訓練視爲結婚的墊腳石，不少人連受過一點點初級教育也沒有，不過，這幾年來申請者的數量增加，讓我們有機會從中挑選實習生，我們現在得以堅持健康教育，與聖經培訓要達到一定的標準，以培育出更優秀的護士。三十多年來，護士一直在台南的病房值班，這些受訓的護士，在馬雅各醫生娘 ⓬ 、孟姑娘 ⓭ 、富姑娘（Fullerton）、戴仁壽醫生娘 ⓮ 、周惠憐醫生娘 ⓯ ，與現任主管吳阿玉姑娘 ⓰ 等，多人的努力下，大大增光。

　　彰化的病患，大多由本地在學的包紮員指導病患親戚來照料，一直到 1926 年，烈以利姑娘 ⓱ 受派前來，培養了一批傑出的日班

⓬ 瑪麗‧安妮‧古德（Ms. Mary Anne Goodall, -1918），1868 年三月中旬，在香港與馬雅各醫生結婚，育有二子，皆爲醫生：長子馬約翰，次子馬雅各二世。夫妻先後去世後，皆葬於倫敦郊區 Plaistow St. Mary's Cemetery。

⓭ 孟姑娘（Miss Annie Benning，在台期間：1909- ），其他不詳。

⓮ 瑪嘉麗‧米勒‧泰勒（Ms. Margery Miller Taylor, -1953），英國諾維治人，護士，1911 年十一月與戴仁壽醫生結婚，同日即離英赴台。1953 年病逝加拿大。

⓯ 伊莉莎白‧亞歷山大‧齊爾（Ms. Elizabeth Alexander Cheal, 1889-1979），英國人，與周惠憐醫生結婚，兩人合葬於倫敦南方 Grawley 的 Friends Meeting House 墓園。

⓰ 吳阿玉姑娘（Miss Gretta Gauld, 1897-1985），加拿大安大略人，一生未婚，其父爲著名的宣教師吳威廉牧師，妹吳花蜜（Flora Millicent, 1902-1991），女醫生，後嫁李約翰醫生。1924 年任馬偕看護長，1931 年轉任新樓醫院看護長，至 1937 年再回馬偕醫院就職，後亦曾協助戴仁壽醫生的樂山園，照顧痲瘋病患。

⓱ 烈以利姑娘（Miss Isabel Elliot, 1881-1971），加拿大安大略人，1912 年抵台，擔任馬偕醫院看護長，並於次年，執掌新成立的「看護婦學校」，1927 年至彰化醫院，

護士。⑱ 將來新的醫院方案完成之後，也計畫會有夜班護士。

醫院機構

　　像短途旅行一樣，用半小時來「參觀」我們的醫院，會對於建物跟設備感到訝異。請想像一下你們來參觀醫院，跟著我們回到：

協助設立「看護婦學校」，直至 1940 年被迫撤離台灣爲止。

⑱ 郭玉盞（1924-2010）關於彰化醫院「看護婦學校」的口述史料（《郭玉盞執事追思禮拜》手冊）：

　　鹽水公學校畢業之後，有大姊的朋友，叫做「錶姊」（葉錶），她麻是阮庄頭的人，在「彰基」（彰化基督教病院）做護士，就對阮阿爸講：「你有想欲使玉盞去『彰基』做『看護婦』沒？」阮阿爸問我，我就說好哇，那時陣，「彰基」剛好在招考護士，所以就去考試。就按呢，我進入「彰基」做護士，是第一屆「護理訓練班」的成員，那時，我才十三、四歲。

　　「護理訓練班」要讀三年，邊讀邊做，畢業有「彰基」的結業証書。剛去之時陣，攏麻時常偷哮，你想呀，鹽水庄脚查某囝仔，去到彰化城市，當然會「心悶」，會想厝。好佳在，有「錶姊」在照顧我。回想起來，我在「彰基」之時期，是我人生中尚快樂的時陣。

　　比起二姊，我是眞正好足多。那時，她在台南「公會堂」對面的「楊眼科」工作，「楊眼科」是楊雲龍醫師開的病院，因爲出入教會的關係，他與阮阿爸眞熟悉，他就拜托阮阿爸，使二姊去他那裡做護士，阮阿爸「惜情」，就答應。雖然那裡的伙食眞好，但是工作眞多，又沒休假。若是阮，一年二次長假，一次一個禮拜，我每次要回家，攏寫批使二姊，她若可返來，麻是攏眞勿忙。那時，她的薪水五元，我八元。所以，二姊常説：「你尚好啦，平平做護士，我著累得半死，又沒可休假；而你卻是八點半上班，十二點休息，二點半又上班，五點就下班。」下班吃飯飽，阮就相招去爬八卦山，眞是快樂。

　　阮同伴中，有一位後來成做花蓮縣長柯丁選（醫學博士，國民黨，任期是 1960-1968）之某的李珠玉，她眞愛唱歌，是女高音，時常與音樂家李昆仲及他人，透早五點，做伙去八卦山上的八角涼亭，叫做あずまや（意即亭也）唱詩歌，當時我還小，卻喜歡跟去唱歌。那時陣，院長是林朝乾（任期是 1939-1941 年），醫師有：歐陽朝銘、許鴻樑，以及已經在溪湖開業的二姑丈陳天根，因爲「彰基」缺外科醫師，所以請他來協助開刀。

　　我在開刀房的工作眞緊張，逐日著要去看患者欲開什麼刀，要準備什麼「傢私」，親像開膀胱結石，著要準備夾血管的夾子，又分有齒與無齒，攏共要幾支，都要算好，準備完整。所以，我不曾在開刀中，丟三忘四，出差錯。現在想來，也感覺奇怪，在我那個年歲，竟然擔當這麼重要的工作。每次開刀完，病院攏有提供眞好呷的點心可吃。開刀房護士有二、三個，「護長」張素英負責麻醉，又有幾位醫師助理。我的薪水，從起初的八元，到十二元，到結婚離開時，已經三十元了，也算罕見。所以講，在「彰基」之時代，是我人生中尚快樂的時陣。

彰化醫院

　　從車站搭乘舒適的三輪人力車，五分鐘就到了台中州，最多人走過的門階，——「蘭醫生」的基督教醫院。禮拜一早上，禮拜堂大門擠滿病患及其友人。我們不可能進得去，所以改去病房「看一眼」。這邊的人沒辦法去做禮拜，不過他們從成排的病床上，抬頭看我們的時候，表情並沒有不開心，誠然，他們是痛苦的，但也心懷感激。有一位老太太問我們「食飽未？」，這句問候語歷史悠久，傳達正港台灣人的禮數。另一位問起萬姑娘（Ban Ko-niu）的近況，還不知道萬眞珠姑娘[19]已經過世了。

　　我們努力跟上半小時的行程安排，流著汗走過病房、X 光室、藥局、手術室與更衣室，直到頭都暈了。處處都有人們耐心等待「蘭醫生」看診。我們看得出來，在擁擠又老舊的醫院，處理如此大量的醫療工作，需要龐大的組織。我們在走廊遇到烈以利姑娘培養的護士，她們外表迷人又有效率，安靜地四處走動，親切指引迷路的病人，也將病房安排得有條有理。

　　禮拜結束了，人群匆忙過去，在蘭大衛醫生與甘堯理醫生的診間門前排好隊，在早上滿檔的工作當中，妨礙病人跟醫生不太好，所以我們決定離開一下，去住宅區拜訪醫生的家。我們騎過一條令人難忘的泥濘街道，上面滿是車輪痕跡，終於抵達避風港，享受一杯提神的茶和最熱烈的歡迎。

---

[19] 萬眞珠姑娘（Miss Margaret Barnett, 1862-1933，在台期間：1888-1933），英國蘇格蘭人，來台後，與朱、文兩姑娘分工合作，輪流協助女學、婦學，與教會婦女事工，1933 年病歿台南。在其去世後，《教會公報》有文紀念：〈故萬姑娘的來歷〉（1933.5）。另參閱第一章註 15、16。

1907 年彰化醫館正式完工，這棟兩層樓的院舍病房為當時彰化地區最現代化的建築

彰化醫館的候診室

台南醫院

　　我們坐火車南下，四個小時就到了台南，在此由李約翰醫生[20]帶路。台南的計程車很特別，瞥見一座橋和兩個路口以後，我們這台車的年輕司機駛離主要的東門路，沿著一條長長的、有樹籬的礫石路開下去，令人屏息地，停在一長棟灰色平房的辦公室前面，我們一到這裡就覺得很寬敞。網球場的那一頭有草坪、樹木，和樹葉成蔭的牆壁，襯托著精美的磚房。不過，我們很訝異，這裡沒有像彰化那樣擠滿了人。我們注意到辦公室的門上有鍍金的牌子。我們被帶到長長的等候室，後面有設備完善的實驗室、藥局和幾個診間。牆上掛著羊皮紙，是去年與天皇仁慈的禮物一起送來的。吳阿玉姑娘帶我們走過，鋪著白色磁磚的廚房、消毒室、洗衣房、護士宿舍。她讓我們看了一下育兒房，像窩一樣的小吊床，沿著房間四周牆上的軌道掛起來。最後，我們來到兒童病房，這是吳阿玉姑娘的成就。這裡有十六張床，排在病房各側，床上一些看起來很可憐的小臉，目光隨著我們一床一床的移動。其他比較幸運像小女童軍的小孩，在病房旁邊，寬廣開放，充滿日照的陽台跑來跑去。還有很多地方可以參觀。我們走過手術室、放射治療中心、痲瘋病治療中心、肺結核病房。我們從那裡，走到特約門診病人的分館，與男女普通病房，他們用好奇又友善的微笑問候我們，用以表示友好。這趟參觀行程最啓發人心的事情，或許就是見到年輕的院牧在訓練

---

[20] 李約翰醫生（Dr. John Llewellyn Little, 1898-1953），加拿大安大略人，於1931年，與妻吳花蜜醫生赴台（吳威廉牧師之女，吳阿玉姑娘之妹），次年接新樓醫院院長，1936年轉任彰化醫院院長，後再接馬偕醫院院長。

台南新樓醫院的禮拜廳及手術房

一群病人讀寫白話字，讓他們可以明白聖經。院牧稍事休息，用不太流利的英文，向我們簡單介紹，他為醫院的宗教活動所設計的方向。參觀行程到此結束，但我們仍意猶未盡。

醫院未解決的問題

在不久的將來，我們的基督教醫療事工，必須面對非常艱難的問題。我們是在日本殖民地，照顧台灣人的外國人，──光是這一點，就讓我們的工作需要小心處理。彰化的病人數量依然很多，這不只是因為蘭大衛醫生的名聲與醫術過人，也是因為目前，還沒有

跟任何重要，又有組織的公立醫院嚴重的競爭。不過，台南的病人不像十五年前那麼多，因為我們醫院的人員一再變動，而且城裡的競爭變得很激烈。公立醫院有二十三位醫生，各科由專科醫生執掌，他們獲得非常可觀的州級補助，有數萬日圓那麼多；而你們的醫院，則由一位宣教醫生帶領，他必須專精所有分科，不但要指導本地的醫護，也要將醫院視為慈善機構來管理。讀者可能會提出非常中肯的問題：在科學治療已充分組織化，並容易取得的地方，我們為什麼要繼續推行醫療事工呢？從我們七十年的歷史來看，宣教方針的主要重點，從來沒有改變過，我們來這裡，不是只為了帶領醫療事工，我們在這裡，也不是只把醫學技術當成傳福音的誘餌，我們真正要達成的目標是：在我們的指導下，提供最好的醫療，並在推行事工當中，盼望透過以身作則，讓人對於上帝的拯救恩典，產生興趣。

　　此外，我們認為，在蓬勃發展的醫療，越來越商業化而非藝術化的地方，我們得以在此實踐基督教的醫療倫理，乃是我們的榮幸。為了在台灣醫療同僚當中提倡更佳的認知，李約翰醫生提出建立基督教醫療協會的好主意，目前的會員，涵蓋了南台灣九成的基督徒醫生。他們開會討論病例、一般醫學、倫理學、費用和看診等，專業相關的問題等等。所有的會議都有開會禮拜，最後有半小時的交誼時間，總部設在我們的台南醫院。

　　宣教醫院的貢獻之一是治療肺結核，這在台灣統計報告的死亡原因中，名列前茅。我們的收費便宜，因此我們的服務能吸引每月所得不到一英鎊的鄉下人。除了政府禁止綜合醫院收治的痲瘋病人，和其他惡疾的患者外，我們收治任何病患，——無論病情多麼

危急，我們的死亡率雖然增加，不過各地的人都知道，他們只要到得了我們的醫院，就不太可能被拒收。這跟其他本地醫院形成強烈對比，他們只收治醫得好的病人。

在我們所有的機構當中，醫院應該是向鄉下人介紹生命之道，最有效的地方。我們的資深宣教師巴克禮博士常說，身為傳福音的媒介，他很嫉妒醫院，他認為，教會裡聽過福音的人，十個當中有九個，是先在醫院聽到信息，而非從宣教師那邊聽到的。在鄉村向婦女傳福音的連雅麗姑娘，也有類似的觀察。

我們有獨特的機會，可以接觸到學校，和學院的七百名註冊學生。我們負責照料他們的健康，他們是台灣明日的領袖。兒童事工，要歸功於我們的護士吳阿玉姑娘，她已經規劃這座島上頭兩間

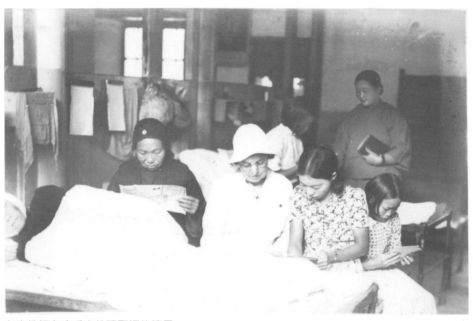

女宣教師在病房內教讀聖經的情景

兒童專用的病房，也推廣讓台灣大眾接受了。

明日的對策

　　日本帝國可能不會容許，外國的醫療宣教事工，無限期的進行下去。如果真的變成這樣，我們在接下來幾年還是要有所貢獻，讓我們在此服事多年的回憶，成為延續本色教會的遺澤，而非阻礙。

　　在不久的將來，我們也許必須決定，要將人力資金，集中在設備一間完善的醫院，或者沿用目前的方法，直到在轉換的過程，讓我們的現況，不再能夠維持為止。遺憾的是，要做這種決定，不像表面上看起來那麼容易。以台灣教會目前的支持程度來說，要維持兩間醫院的運作，甚至是維持一間一百床的醫院，還需要幾年的時間才行。即使有能力的話，政府可能也不樂見，這種不是以日本人為主的機構。過去，我們的事工以鄉下的弱勢民眾為主，他們不會講官方語言。此外，只有極少數的日本基督徒醫生，能夠用台語跟這些目不識丁的人交談。我們的醫院有慈善與服務的獨特歷史，目前，可能會浮現的問題在於，人們是否還需要這間醫院。

　　在下一個十年，除了明智堅定地進步之外，別無他法，平庸在醫學當中，沒有立足之地。以我們目前有限的人力，無法開拓新的事工，所以我們必須增進現有事工的品質，好好運用我們的時間。我們必須確保的，不是政府的包容，而是尊重與合作。

問題討論

1. 就現況而言，我們支持台灣醫療宣教師的正當性有多少？
2. 鑑於目前影響我們事工的問題，你們認為集中成一間醫院或是

照現況維持兩間醫院，哪一種更值得你們關注支持？你們設想我們的上主贊同哪一種呢？

3. 我們教會的年輕護士和醫生，面臨為宣教事工付出的問題時，會遇到哪些特別的困難呢？這事工是否也曾有力地向你們提出過？

4. 你們可以勾勒出跟我們迄今公認的醫療事工路線，截然不同又能得到上主稱讚的方法嗎？你們願意為了我們上主在台灣的百姓，獻身服事來實行這項方案嗎？

第五章

什麼是我們基督教學校的貢獻？

教育情況

　　對於基督徒老師而言，什麼是我們在日本殖民的島上，嘗試要做的呢？──特別是在一個世界上居於領導力量的日本，伴隨其全面性的計畫，與美好有效的教育系統之下？我們宣教師的資源不多，能對這座島的生活，做出任何有價值的貢獻嗎？既然日本政府正在發展及掌控台灣的教育，我們還有繼續做下去的正當理由嗎？這些問題必須被提出來，也必須找到答案。基督教的原則不變，可是教育的方法，可能需要因應不斷改變的現況。

　　五十多年前，宣教師是台灣的教育先驅，但自從日本佔領台灣（1895）以來，公立學校的數量快速增加，目前基督教學校在教育系統當中，只是很次要的角色。政府提供給台灣人，及住在台灣的日本人，很好的教育。

　　台灣總人口約有五百萬，其中百分之五是日本人。跟日本本土一樣，日本兒童的初等教育是義務教育。台灣兒童，那些必須從學校學習日文的，則分別在「公學校」上課，而公立學校的數量不足以提供義務教育。只有百分之三十四的台灣學齡兒童就讀「公學校」，不過數量正快速增加。這百分之三十四當中，包括百分之四十九的學齡男孩，及百分之十六的學齡女孩。此外，有七十所中學及學院，和一萬九千名學生。最後還有一所公立大學，使整個教育系統完整無缺。除了這些公立學校外，還有一些私立中學，其中

有八所基督教學校，由英國和加拿大的差會支持部分資金：

　　兩所男子中學，有六百名學生；

　　兩所女子中學，有三百名學生；

　　兩所神學院，有四十五名學生；

　　兩所女子聖經訓練學校，有九十名學生。

　　大致說來，基督教中學約有一千名學生，沒有提供宗教教育的非基督教中學，則有一萬九千名學生。也就是說，這些有希望的年輕人，當他們在一生中最重要的啓蒙階段，尋求教育時，我們只觸及其中的百分之五。南部有四所基督教學校，相隔兩百英里的北部也有四所，對於基督教會來說，這個數量已經少到不能再少了。

　　人們看了我們學校令人感動的照片會說：「建物跟場地很美」、「我們以前都不知道教育水準有這麼高」、「英國有很多孩子沒有辦法就讀這樣的學校」、「女孩們穿著制服看起來多麼整潔漂亮」、「從他們快樂的臉龐就看得出來是基督徒」等等。講到教會學校的時候，我們英國長老教會有許多人，還是會想到只有一名老師的鄉下學校，一群赤裸的孩子，蹲在棕櫚樹的蔭影之下，或是坐在泥土屋的地上拼著字母。以日本及其殖民地來說，這種想法需要修正。如果我們想要讓中學維持下去的話，我們就必須跟上日本政府要求的標準，而這標準並不亞於英國。爲了支薪給合格教師，我們向學生收取的費用，必須高於財力雄厚的公立學校，因而很遺憾地，排除了一些較貧窮的基督教家庭的學生。不過，我們必須跟上標準，否則無法繼續存在。

　　人們有時會問：「我們爲何要資助這項教育事工？」首先，這是爲了教會的益處著想。教會的領袖若是無知，或受教程度不高，

就無法完成所面臨的龐大任務，甚至連嘗試都不敢嘗試。這樣的教會，就會過度仰賴宣教師的幫助，不會主動解決自己的問題。教育事工能夠加速達成宣教師的任務。有一位傳道人曾如此祈求：「主啊，拯救我們脫離無知，甚至是神聖的無知！」其次，教會需要最基本數量的學校，來提供好的基督教教育，不只是為了領袖，整體而言，也是為了他們自己的青年。這是合理的要求，也相當值得我們支持。唯一的質疑在於：「我們為何要資助非基督徒學生的教育？」答案是，為了傳福音。我們從根本上相信，基督教教育是唯一真正完整的生命教育。如果學校透過盡可能提供最好的基督教教育，能夠履行傳福音的功能，那麼我們為此花費一部分的宣教經費，就全然合理。我們藉此能夠觸及受過教育的群體，這是用其他方式無法獲得的機會。我們謙卑感謝上帝，儘管我們有犯錯，不過整體的成果證明，將人力與金錢用在教育事工上面完全合理。

　　儘管如此，我們不能安於過去的傳統，無論多有價值的傳統都一樣。別人前進的時候，我們不能落後，如果讓學校被歸類為「平庸」的等級，那是不對的，將來勢必要有改變，尤其是必須符合政府所要求的，更完整的民族精神教育，以及將我們的學校更全面的日本化。我們必須認清，日本的殖民政策不同於英國，英國的殖民方式通常尊重本地習俗，也容許很大程度的自由，只要求新的臣民成為守法的人民即可，但是，台灣島上的日本政府，卻要將殖民前的漢文化連根拔起，才會滿意。他們現在大力培養民族精神、普及日語，要讓人們忘記自己的母語，讓搖籃裡的嬰孩，連牙牙學語也是用日語。

　　身為宣教師，批判這項政策，不是我們該做的事情，我們必須

忠於遵循。我們只想要延續基督教教育的自由。我們為此已經做了充分的讓步，相信我們創校的目的，依然能夠達成，我們不該對人為的政治情況，有所恐懼。「無論表面的水流如何，更深層的潮流都帶有基督教的動機。」

我們的教會學校

我們的差會在台南維持四所學校的運作，讓六百多位年輕人，每天都能聽到基督教的道理，在基督的幫助之下，活出他們的生命，也走在祂的道路上。

我們在神學院和女神學校，訓練傳道人與宣道婦；我們在中學和女學校，提供基督教教育給年輕人，若不是這些學校，他們根本無法獲得高等教育，或是只能在公立學校，接受徹底的世俗教育。中學和女學校提供類型較廣的教育，必須更密切遵循政府規定的中學課程，這些學校沒有受到政府認定，可以教授聖經做為一般科目。若是取得政府認定，聖經就必須改成自願參加，或是選修的科目。

（一）神學院

我們的宣教師在七十年前，來到這座島上展開事工，贏得改信者以後，就需要本地的幫手，於是開始訓練人才，跟他們一起到處旅行，讓他們有機會讀書和宣講。1876 年，我們在台南開設有組織的課程，資深宣教師巴克禮博士參與了這項事工，神學院從那時開始，為南台灣教會提供傳道人才。

巴克禮牧師執掌台南神學院時期的校園風景

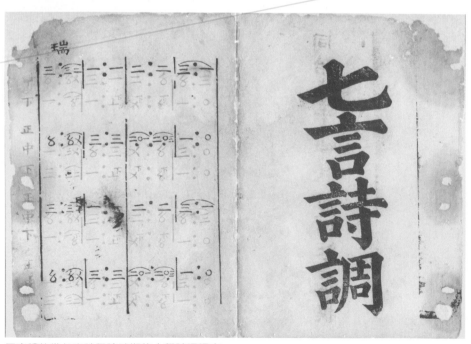

巴克禮執掌台南神學院時期的大學詩調課本

號碼	學生姓名	性別	本籍 縣／市	生年月日	入學年月日	畢業年月日 年數	在學年數	畢業後所屬	住址	備註
第一屆 1	卓道生	男	縣／市	年月日	年月日	明治十二年（一八七九年）				歿
第二屆 2	周步霞	〃	縣／市	年月日	年月日	明治十二年（一八七九年）				歿
3	李豹	〃	縣／市	年月日	年月日	明治十三年（一八八○年）				歿
4	高長	〃	縣／市	年月日	年月日					歿
第三屆 5	潘明和	〃	縣／市	年月日	年月日					歿
6	趙爵祥	〃	縣／市	年月日	年月日					歿
第四屆 7	潘明珠	〃	縣／市	年月日	年月日	明治十七年（一八八四年）				歿
第五屆 8	潘阿為	〃	縣／市	年月日	年月日	明治六年（一八八五年）				歿
9	黃白	〃	縣／市	年月日	年月日	〃				歿

早期畢業生名單

1898 年師生合影（前排中巴克禮、右二高金聲）

巴克禮教室紀念碑

　　目前的師資有巴克禮博士、滿雄才牧師（院長）❶、馬大闢牧師❷、在日本讀完神學後，到美國進修四年的武田公平牧師❸、高金聲牧師❹、高德章牧師❺。和英國的教會一樣，音樂也在台灣教會的禮拜當中扮演要角。吳威廉牧師娘（Mr. Gauld）、滿雄才牧師娘訓練學生唱歌，也教授風琴課程。擔任院長的滿雄才牧師，在巴克禮博士打好的基礎之上，明智地發展校務。他充分了解教會的需求，沉靜信靠上帝的大能來因應需求，以此激發同事和學生的勇氣，也強化他們堅持信仰要素：出於種種美好的原因，他以「主教」（The Bish）的稱號為人所知，也受人愛戴！

　　神學院創校以來，已有兩百一十三人畢業。目前是滿額，有二十五名學生。四年的課程因應學生的需求，他們可能要負責教會所有的活動，包括主日學、查經班、為了非基督徒舉行的佈道會。因此，神學院相當關注實踐。秋季學期的每個禮拜五晚上，學生分

❶ 滿雄才牧師（Rev. W. E. Montgomery, 1882-1968），英國人，1909年與連瑪玉姑娘（後嫁蘭大衛醫生）、孟姑娘（護士）一起來台。曾任教會公報主筆、長老教中學校長，以及台南神學院院長等職，來台共四十年之久。《使信月刊》有其獨照。（《使信全覽》，Vol. 47，1909.11，p.398）

❷ 馬大闢牧師（Rev. D. F. Marshall，在台期間：1923-1937），分別在台灣南部及北部教會工作服事。

❸ 武田公平牧師（Rev. Kohei Takeda, 1896-1956，在台期間：1934-1937），日本人，曾任台南神學院新約教授，後任芝加哥日僑長老教會牧師。

❹ 高金聲牧師（1873-1961），原名高鐵，福建泉州人，自幼即由其父高長攜台。長老教中學與台南神學校畢業後，由「台南教士會」送他到福州英華書院就讀。（《台南教士會議事錄》509.8，1897.1）因其極先進的思想，導致與潘筱玉的婚事，引起「軒然大波」。（詳見第六章註3）其漢文根基甚佳，「舊聖詩」第189首：「替我打破石磐身」，即為他的譯作。

❺ 高德章牧師（1904-1941），高雄路竹人，先讀台南神學校，後轉入東京明治學院文藝科，畢業後再入神學部就讀。精通希臘文與英文。曾任太平境教會傳道、神學校講師等。譯有《平民ê基督傳》一書（英文直譯白話字）。

1908 年師生合影（前排左四巴克禮、前排右四為教師高金聲）

成小組走出校園，在路邊或是借用的院子宣講，有時會帶幻燈片
去，平均會有七、八十人聚集過來聽講。這種強力佈道的精神，深
受林燕臣牧師的啟發影響，三十九年前，這位秀才在基督教裡面，
找到儒家思想教導的精華。三十九年的服事，絲毫未減損，他對於
佈道事工充滿感染力的熱情。他堅信「教育是影響，不是灌輸」這
句格言。夏天時，學生會有一個月的時間，受派去負責規模太小，
而無法聘請傳道人的教會，練習實行教會事工。一、二年級的學
生，在主日早上教主日學，也會去上主日學方法的課程。三、四年
級的學生，則主持教會的禮拜。課程也包括新舊約釋義、系統神
學、哲學、心理學、倫理學及英文。大多以台語授課，不過有些課

程是用日語。傑出的學生，可以到日本的神學院繼續進修希臘文、希伯來文及神學。除了特例之外，神學院新生必須先讀完中學，相當於英國的中等學校。

　　台灣的教育標準與程度正快速提升，我們的學生必須能夠影響那些閱讀當代日文著作的讀者，這些著作汗牛充棟，有著複雜的宗教概念、顯著的民族情感，以及在嚴格審查之下，也「過關」的共產思想。不過，對於沒有受過教育、受儒家理想薰陶，以及拜偶像的人，我們的學生也必須能夠向他們傳講。神學院必須培養學生的勇氣與熱情，讓他們在充滿敵意，或令人沮喪的情況之下，能繼續堅持下去。神學院也要強化學生的屬靈經驗，使他們得以經受東方物質主義的影響，特別是在現在這個時代。神學院顯然是我們事工

1924 年台南神學院畢業生（第一排左三為巴克禮牧師）

1924 年台南神學院最早的樂隊組織

的基礎。擴大教會,將福音傳到這座島上,尚未有人進入的廣闊土地,大大取決於我們在神學院實行的事工。

(二) 女神學校

女神學校訓練不同才能的女性,從事各種事工。目前六十四位學生當中,有兩三位要訓練成為宣道婦,有些學生準備做傳道人的妻子,有不少女孩聽過一點福音,來讀女神學校是為了學習更多。有幾位學生讀過女子中學;大多數學生讀過小學;有些學生學過漢字;有些則完全沒有受過教育。規劃這間學校的課程與安排班級,肯定要費盡苦心,不過目標很清楚:讓所有學生對於聖經的認識,

足以因應她們在靈性與知識上的需求，也要讓她們能夠積極有效地
參與教會事工。

　　早期女宣道會的工作者，為了年紀較大的婦女及培訓宣道婦，
開設了聖經學校。1928 年，台灣基督徒請盧仁愛姑娘 ❻ 重整學
校。她的成果非凡，很快就招滿學生，教會也認可事工的價值。盧
仁愛姑娘於 1933 年過世後，林安姑娘 ❼ 接手維持事工進展，她跟
前輩一樣席不暇暖，日夜用母親獻身的心看顧這群幼鳥。

　　正職同工包括女學校的四位畢業生，其中三位曾就讀日本的女
子神學校。客座教師包括吳阿玉姑娘、台灣女宣道會會長高金聲牧
師娘、巴克禮博士、馬大闢牧師跟兩位神學院老師。有一位幼稚園
老師訓練如何教導幼兒；還有一位女學校畢業生教授烹飪，對於這
些學生來說，學會如何煮得美味又省錢是很重要的。

　　學生學習如何教導台語羅馬字。她們負責五間主日學，場地不
是在教會，而是借用私人住宅。這些「街坊主日學」約有一百五十
名兒童，都不是基督徒，也不會前往遠處的教會上主日學。要管教
約束他們不容易，不過女神學校的學生做得很好，將福音傳給其中
許多人。

　　高年級的學生有機會在聚會當中練習演講。她們每週兩次，輪
流主持及主理早禱。在我們的禾場當中，所有都市教會跟許多鄉村

---

❻ 盧仁愛姑娘（Miss Jeanie A. Lloyd, 1870-1933），英國威爾斯人。1903 年十二月，與
安彼得醫生夫婦同船抵台。1910 年接任女學校第一任校長（1910-1927），之後，在
調整女學校校制之後，更名為「台南長老教女學校」，後病逝於台南。

❼ 林安姑娘（Miss Ann Armstrong Livingston，在台期間：1913-1940），英國蘇格蘭愛
丁堡人。初在彰化服事，後調至台南擔任女神學校校長（1933-1937），1940 年離台
後，被日軍俘擄，1945 年病死蘇門答臘。英國母會為紀念她，獻金台南神學院，建
女舍，名叫「慕林館」，以資紀念。

1934 年的台南女神學校

教會，都在禮拜二下午舉行婦女祈禱會。女神學校的年輕女學生，穿著整潔的海軍藍裙子跟中式白色外套，去參加這些聚會，也幫忙主持，之後同工會評鑑她們所講的內容。有機會的話，學生會在秋季學期組成佈道團，在基督徒借用的院子舉行聚會。暑假期間，高年級的學生會到教會實行宣道婦的事工。

　　有些學生是婚姻不美滿的少婦，年紀輕輕就守寡，或是丈夫另結新歡而被打發走。若不是女神學校，讓她們成為能夠忍受悲傷，並同時為他人服務的女性，她們的生命將會空洞悲慘。

　　有一位客家女子，原本是齋堂的堂主，聽了福音以後改信。她到女神學校讀書，之後前往南部某個廣大的客家地區建立教會。另有兩位沒有受過多少教育的女子，在女神學校完成課程後，到完全沒有傳過福音的地區當宣道婦，逐漸建立小教會。

　　師生認為，他們的事工以禮拜三早上的祈禱會為核心，對於他們及到教會服事的校友來說，這確實是祝福與力量的源頭。

台南女神學校第四回畢業紀念（一排右五林安、二排右五徐秀玉）

（三）中學

　　台南長老教中學，很榮幸地成為島上歷史最悠久的中學。它創校於 1885 年，第一任校長為余饒理牧師 ❽ （任期 1885-1895），明年（1935）將迎來五十週年校慶，同年南台灣教會也要慶祝成立七十週年。差會在最初的二十年，為了廣傳福音與教會增長而建造禮拜

---

❽　余饒理牧師（Rev. George Ede, 1854-1904），英國英格蘭人。1883 年十二月抵台，1885 年九月創立「台南長老教中學」。1895 年十月二十日，自安平去信台南的巴克禮，通知他們劉永福已出逃之事，促使巴克禮代表台南府城仕紳，會見日軍，並帶日軍和平佔領台南。離台前出版白話字的《三字經新纂白話註解》一書。後病逝廣東潮州。《使信月刊》有其夫婦合照。（《使信全覽》，Vol. 41，1903.2，p.42）

堂，那些地方也開設了「小學」❾。宣教師了解到，有機會讀神學
院的人，除了小學教育外，需要更多的預備訓練，於是開設了中
學。三十年來，中學一直在差會的管理之下，維持更高的初級標
準，主要對象是基督徒的兒子。我們當時認為這樣已合乎需求，但
到了費仁純先生❿ 擔任校長的時候（1901-1908），台灣人開始疾呼，
要有類似廈門英華書院的高等學府。這項計畫，最終讓我們在東門
城外建立了現在的中學；四千五百英鎊的經費，一半由台灣的基督
徒，及非基督徒支持者捐助，另一半由海外宣教委員會資助。西敏
寺學院宣教師學會也捐款建造禮堂。理事會在此時建立，成員包括
台灣人跟宣教師代表。直至今日學校持續發展，在十三英畝的土地
上，陸續建造其他建物，以容納三百六十名學生，其中有三百位住
校生。台灣人募了九萬圓的捐贈專款，其利息補足海外宣教委員會
每年補助的四千圓，加上兩位宣教師在學校工作的薪水。每位學
生，包含學費與食宿的總花費，一年是二十六英鎊，而每位學生支
付十八英鎊的費用。學校沒有提供免費名額，只有牧師的兒子費用
減半。

　　相較於政府補助每位學生三十五英鎊，以及英國不供住宿的中
學費用為六至十五基尼（guineas），台灣的宣教寄宿學校顯然比英國
不供宿的公立學校便宜許多。

---

❾　這裡所謂的「小學」，並非日治時代的「公學校」或「小學校」，而是「教士會」在
　　較具規模的教會所設立的學校。「教士會」首年撥款三十元，權充經費。（《台南教
　　士會議事錄》，1883.2.9，132.5）

❿　費仁純先生（Mr. Frederick Johnson，在台期間：1901-1908），英國蘇格蘭人，為
　　「台南長老教中學」第二任校長。《使信月刊》有其夫婦與中學生的合照。（《使信
　　全覽》，Vol. 43，1905.7，p.193）

　　這一切聽起來令人滿意，大部分看過中學照片的人，都會覺得我們可以對這一小塊教育事工，感到驕傲並感謝上帝。日本政府尚未立案認定我們的學校，這是相當不利的地方。我們最優秀的學生，還沒有完成五年的課程就離開，前往日本就讀有受到認定的學校，造成最頂尖的班級大量流失人才。

　　學校同工包括九位日本籍老師、九位台灣籍老師與兩位全職宣教師。萬榮華牧師[11] 的異象與活力，使學校成功發展，完成新建物，學生不斷增加，男孩充滿自信與熱情。他從 1912 年開始擔任校長，不過，現在日本要求更徹底的民族主義教育，因此不久之後將由一位日本校長接任。人們現在將沈毅敦先生[12] 視爲鄉村佈道的宣教

萬榮華牧師

[11] 萬榮華牧師（Rev. Edward Band, 1886-1971，在台期間：1912-1940），英國人，是「台南長老教中學」第三任校長，並將英式足球引進校園，甚至校隊還代表台灣，進軍日本甲子園，名震一時。他編撰兩書：*Working His Purpose Out: the History of the English Presbyterian Mission, 1847-1947* 與 *Barclay of Formosa*。

[12] 沈毅敦（L. Singleton），曾任「台南長老教中學」代理校長，亦曾協助彰化教會，指揮聖歌隊。

1940 年 7 月長榮中學校（原長老教中學改稱）足球隊獲得全台冠軍

師，不過他再次爲中學慷慨付出時間，直到衛清榮牧師 [13] 完成語言學習。中學跟其他機構一樣，受惠於吳威廉牧師娘的歌唱課程。這間學校提供一般的中學課程。

　　宣教師除了將福音引進這處「外國禾場」外，也引進西方醫學和音樂、農業和天文學。萬榮華牧師二十多年前，率先將足球引進台灣。協會的球賽，從赤腳開始踢起，現在全島多所學校已是依照一般方式熟練地踢球。去年，踢進台灣南部足球聯盟決賽，爭奪巴克禮盃的兩支球隊，就是我們台南長老教中學的男孩，與我們的教師隊。校友也贏得全島足球大會冠軍，榮登全島最強球隊。

　　如果傑出的運動表現，最能檢測一所學校的校園生活是否豐富，那麼去年（1933）我們的中學沒有灰心喪氣的理由。男孩們在運動會打破了十二項校內紀錄。幾天後，我們在台南州運動會的十八個項目當中，奪下十四面獎牌。田徑項目都是以公尺爲單位，

[13] 衛清榮牧師（Rev. Robert Weighton, 1908-2020，在台期間：1933-1947），在「台南長老教中學」教英文與聖經課程。爲金氏世界紀錄認證最長壽的人，享年 112 歲。

所以秒數不能直接跟英國學校相比，不過鉛球（16磅）是 38 英尺 11
英寸，跳遠是 21 英尺 1 英寸，以中學男孩來說，這些紀錄並不難
看。

　　這一章的開頭提過，我們必須有所改變，讓我們的學校更徹底
的日本化。這包括用日語取代母語台語來教導聖經。爲此，我們對
黃俟命牧師 ⑭ 的離職深感遺憾，他的日語能力不足以繼續擔任校
牧工作。我們在向他道別的這一刻，於此留下記錄，感謝他爲學校
完成寶貴的工作，也以非凡的影響力爲基督贏得男孩。他十八年前
加入我們，至今共有兩千三百四十四位學生，宣告他們相信基督並
加入教會，其中有一百一十八人於在學期間受洗，這些基督徒如今
分散在全島各處，從事有益的職業。調查三百四十四人的職業，結
果如下：仍在就讀高中和大學，一百三十三人；職業未知，可能是
農夫和店主，六十五人；牧師，四十一人；醫生，三十七人；牙
醫，十四人；工業，二十三人；職員，十五人；教師，七人；已
歿，九人。

　　數據當然不代表一切，不過確實有其意義。我們不能想當然地
認爲，他們全都是熱心的基督徒，也不該錯誤地假定，沒有加入教
會的人都是無用的異教徒。我們感謝上帝，許多人由校牧帶進羊
圈，如今已成爲各區教會的領袖。我們向這位羔羊牧師道別，希望
講日語的繼任者能像他一樣，信實地餵養羊群，我們也因著上帝依
然了解台灣人的需要，而得到慰藉。

---

⑭ 黃俟命牧師（1890-1950），台灣東港人，爲黃能傑牧師之次子。曾任台南東門教會
　首任牧師，台南中會首任議長，南部大會議長。其子黃彰輝牧師，東京帝大與劍橋
　畢業，曾任台南神學院院長，著名神學家。

我們用日語或台語教導聖經，有充分的機會向學生傳遞基督教信息，這些學生只有四成來自基督教家庭。在學校課堂內外，有無窮的機會讓學生接觸基督教，唯一的限制只在於我們自己。

（四）女學校

　　我們的女學校，是台灣第一所爲女孩開設的學校。早期的宣教師認爲，婦女和女孩的無知，不僅是她們自身的負擔，也會拖累教會的發展。在李庥牧師的努力下，女學校於 1887 年建校，朱約安姑娘、文安姑娘跟萬眞珠姑娘參與教學，教會目前的婦女領袖，就是他們努力的成果之一。後來盧仁愛姑娘擔任校長，相當出色地管理學校。目前的工作者有杜雪雲姑娘（Mackintosh）、吳礫志姑娘（Galt，現任校長，到 1935 年）、吳威廉牧師娘，還有到 1936 年

台南長老教女學校

熱心推動女學教育的李庥牧師

朱約安姑娘

文安姑娘

萬真珠姑娘

才會完成語言學習的米眞珠姑娘
（Beattie）。課程全都以日語授課，
所以教育宣教師必須學習日語。
爲了讓他們能跟沒有受過教育的
父母和朋友溝通，他們也要學一
點台語。儘管近年經濟蕭條嚴重
影響各中學女學生的就讀情況，
不過在吳瓅志姑娘沉靜有效的管
理之下，仍然將盧仁愛姑娘的成
就維持得很好。她對於學校生活
的特殊貢獻顯而易見，女孩們儀
態端莊、舉止優美，全校也充滿
樂於服事的氛圍。吳瓅志姑娘跟

盧仁愛姑娘

杜雪雲姑娘讓學校有非凡的音樂素質，如今享有盛譽，爲各教會提
供管風琴手。訪客的印象是，鋼琴跟風琴日夜不停，只有中午休息
一會兒，讓零件跟座位降溫！

　　女學校是設有小型預備班的高中。學生約有兩百位，其中約有
一百二十位住校生。新生一般爲十四歲，課程爲期四年。女孩們穿
著制服很漂亮，冬天是咖啡色的洋裝跟帽子，夏天是藍色的洋裝跟
草帽。女孩們很友善，教導她們是很愉快的事情。住校生的費用跟
支出，大約一年兩百圓（二十英鎊）；不住校的學生費用是一年三十
圓。英國一年捐助兩千五百圓，另外約有七百圓用來補足傳道人子
女的費用。這表示，除了宣教師的薪水之外，總收入的百分之十二
必須用來維持校務運作。

　　台灣跟英國的高中女孩有一些不同的地方。雖然有些女孩已經當上醫生、牙醫、教師，不過只有少數人期待事業有成，或是自食其力，因此家政科目受到的重視大於英國。女孩們自己洗衣，打掃教室跟宿舍，整理花圃。

　　每天都從禱告跟短講展開序幕，下午以簡短的禮拜劃下句點。住校生有晚禱，每週五晚上有祈禱會。課程包括每週兩門聖經課。女孩們參與主日學和聖歌隊，也很關心台灣女宣道會，在 1933 年為此奉獻了七十圓。

　　成果如何呢？傳道人的妻子，很大的比例是女學校的校友。其中有些人多年前在學校讀書，近年的學生，在基督徒服事的委身和功效上，都不亞於「學姐」。有一位女孩，只接受過女學校的訓練，後來在一間都市教會建立幼稚園，學童多達八十人，並得到政府的許可。這位女孩現在跟傳道人結婚，她的職位由在東京接受幼稚園訓練的另一位畢業生接手。有十位以上的校友在負責教會的幼稚園，其中有些人也在主日學幫忙。在其他條件相同的情況之下，同時接受一般教育跟宗教教育的女學校學生，比只有在公立學校接受世俗教育或是只有在女神學校接受宗教教育的女孩，能提供更大的幫助，不過最理想的安排，是先在女學校讀完四年後，再去讀女神學校。

　　許多女孩來自完全沒有基督徒的地區。有一位女孩說：「就我所知，只有一次有人來我們的村子傳福音，當然，我們家沒有人去聽福音。」儘管受到反對，這位女孩還是成為教會會友，也很有可能會帶領家人信主。

　　本島的南部，約有四十英里的大片土地完全沒有教會，不過最

近有一位傳道開始在那裡服事。他找到了五個友善的家庭，正是五位女學校學生的家庭。

有一位非基督徒女孩的母親告訴女舍監：「我女兒一直跟她父親說，他應該要為村子蓋教會，並找傳道人來，因為去最近的教會要一個小時。」

在本島南部最大的客家庄裡面，唯有三位女學校的學生跟三位讀過中學的年輕醫生，在那邊發揮基督教的影響力。

非基督徒完成學業以後，種子有時似乎處於休眠狀態。但後來會有一位滿臉笑容又友善的新生進來，其他女孩則害羞又困惑。她會說，「我是誰誰誰的妹妹」，或是「玉花在這間學校讀了一學期，她因為想要去教會，所以被父親帶走。不過她告訴我父母這間學校的事情，於是我就來了」。女學校能夠接觸到我們其他宣教事工無法觸及的許多家庭。

我們學校的工作者有龐大的機會，可以透過日常的接觸跟教導，來影響眾多的年輕人。我們感謝上帝讓一些學生的生命，因為基督的愛跟聖靈的大能而有所轉化，藉由這些學生的工作，催促他們，並影響他們所屬的群體。

（五）結論

每間學校的說明都已經有提到結論，在此加以簡述。

這項教育事工的規模，相對來說很小，因此必須達到最高品質，才能證明其存在的合理性。我們的學校，應當對於國民教育做出非常明確又獨特的屬靈貢獻。我們的學校，必須從學生當中培養出強而有力的基督徒，即使人數不多，也會藉著基督的大能，振興

國家的生命。

問題討論

1. 針對台灣的基督教教育事工需求，你們會做出什麼結論呢？
2. 請為我們的教會學校提出六個代禱事項。
3. 請從教育的殖民政策討論以下這段話。

「拒絕讓任何種族有實現真正人格的機會，相當不符合基督教關於上帝的概念。強迫一個種族遵循另一個種族的標準，是剝奪世界的豐富多樣性，而豐富多樣性是出於上帝讓人有所不同的旨意。」

4. 請討論佈道跟教育的關係。教育事工應該為了教育而維持下去，或是以贏得改信者為目標？如果你們不認同教育宣教事工的「誘餌」理論，那麼要繼續維持基督教學校運作的理由為何？（參閱倫敦宣道會關於「教育與佈道」的報告）

　　我們強力推薦青年團契要看台灣的影片。詳情請洽青年幹事，地址為 W. C. 1 羅素廣場 15 號。

第六章

台灣的教會：今日與明日

　　前幾章有提到我們宣教事工的佈道、醫療、教育面向。我們往回看這幾章的時候，覺得有可能過於強調，宣教師的工作，而忽略了，台灣弟兄姐妹具有的價值與貢獻。在開拓階段，宣教師扮演領導角色，是自然且必要的，不過，最後這一章要講的是，台灣教會的現在與將來，我們希望讓讀者留下的印象是，事工的主要責任，必須、也正在由一群台灣基督徒，沉靜堅定地一肩挑起。我們深信，他們必會興旺，我們必會衰微。

　　明年（1935）南台灣長老教會要慶祝七十週年，這是從第一位宣教師，馬雅各醫生抵台那年算起，回顧這七十年，我們感謝上帝的恩典與帶領，讓教會在台灣堅立，我們也有理由相信，「在你們心裡動了善工的，必成全這工。」❶ 我們已經信實地撒下種子，一定會在上帝所定的時間收割。儘管批評海外宣教的人，可能會指責進展緩慢，甚至熱心奉獻的人變得冷淡，不過我們不可忘記，七十年在教會史上，是相當短暫的一段時間。

　　就算有些批評是有道理的，我們仍得十分寬容地評判年輕的教會，畢竟基督教在英國已經超過一千年了。不過實際上，我們在台灣的子會所達成的進展，不太需要感到羞愧。

　　數據不是檢驗教會活力的最終項目，可是經過七十年的事工以

---

❶ 語出〈腓立比書〉一章六節。

後，南台灣大約一百人當中有一位基督徒，——包括成人會員、兒童跟慕道友。一百一十三間教會，則適當地配置了三十三位牧師、六十位左右的傳道，——還沒有封牧，及十一位宣道婦。三十三間有牧師的教會，完全自給自足；其他的教會，有一部分是靠自己支應。教會有能力提供牧師全年薪水的，才可以聘牧。只能付幾個月薪水的教會則有傳道，並由主要支助專款（central sustenation fund）給付其餘的薪俸。不過，由於缺少牧師，因此有不少間能自給自足的教會，只能聘請還沒有封牧的傳道。主日學的事工興旺，教會的將來很有盼望，神學院也培育受過更好教育和靈命裝備的傳道，來因應更開明的一代。

我們不看輕小事，然而我們必須坦承，百分之一的比例很小。假如好牧人不得不將一隻羊留在羊圈，去找迷失的九十九隻羊，這則比喻會變得截然不同，——這就是我們台灣牧師眼前的任務。身為英國長老教會的我們，當然會盡最大的努力，來幫助他們，讓他們能夠招聚，還不認識上帝及其聖子耶穌基督的眾人。

讓我們一同感謝上帝，這群人的信仰已經扎根，他們不是間接透過宣教師，來汲取靈命和支持的力量，而是直接透過基督本身。讓我們一同祈求上帝，讓他們興起到責任跟榮幸的巔峰，擴張上帝的國度，來納入他們的同胞。身為英國長老教會的青年，讓我們特別記住台灣的青年，也祈求上帝，讓在我們的學校接受基督教教育的人，不以福音為恥，在下一個世代勇敢為基督做見證。

請不要忘記關注你們的宣教師所做的上述事工，也要為此代禱。在最後這一章，請試著看見台灣教會目前的需求、他們的主日學、他們的青年與婦女事工，然後跪在上帝面前自問：你們將來能

夠做什麼，來爲基督贏得福爾摩沙？

台灣教會與主日學

　　台灣教會是什麼樣的教會？關心我們在台灣的教會海外宣教事工的人，會先想到這個問題。

　　在某個晴朗的主日早晨，我們先來拜訪台南的馬雅各紀念教會，這或許是島上最大、最先進的教會，也是最早創設的教會之一。

　　這間教會位在市中心附近的小巷，拾級而上有大型建築，大概可以坐六百人。教會這塊地的周遭有其他建物，做爲主日學教室和委員會會議室，不過越來越不敷使用。接下來，你們會發現其中有些建物是牧師館。教會的這一頭有平台和講台，裝飾了幾個漢字，──教會的其他地方沒有裝飾，只有牆上掛了一些匾額。❷

　　十點到了，教會裡面的長椅，都坐滿了人，數量相當的男女分兩邊坐。無論唱什麼歌，信徒的歌聲都發自內心。傑克森（Jackson）的《讚美頌》或是海頓的《創世記》，都難不倒這裡的聖歌隊，他們除了每週主日早上獻詩之外，也協助彈風琴，讓會眾唱聖詩的時候不會走音。

　　整場禮拜顯然沒有「大教堂的寂靜」。小孩經常在走道跑來跑去，偶爾有流浪狗來拜訪，大熱天的時候，會眾用力搧風。不過信徒無疑認真聆聽傳道講道，禮拜結束之後也會親切歡迎你們。這間教會的會友超過一千人，由社會各階層組成，由此可見施鯤鵬傳道

---

❷　一般是懸掛一個匾額，其上的字是：「耶穌聖教」。

太平境馬雅各紀念教會，巴克禮牧師與馬醫生二世攝於舊堂之前

的才能，他甫從我們的神學院畢業，就能夠將這麼多信徒凝聚在一起，獲得實質的成果。

主日學九點開始，在禮拜之前值得去參觀一下，因為這是青年的特殊領域，已取得最大的進展。教會慢慢察覺到，兒童是傳揚信息的重要對象，教會對於主日學事工的新態度跟熱情，讓宣教師感到喜樂。這裡的主日學，有適當的同工與分班，從初級班到進階聖經班都有，還有女子跟男子的研讀小組。讀者要記得，即使在如此進步的學校，也要花好一段時間來教導白話字。學生藉由白話字，大概可以在一年之內，學會用母語讀聖經。台語跟福建省廈門的漢人講的語言是一樣的。要建立本地的教會，翻譯台語聖經、提供台

語的聖詩跟適合的基督教著作，乃是必要且十分重要的工作。

因此，早期宣教師竭盡全力，說服台灣教會採用羅馬字印刷，——也就是使用簡單的 abc，而非複雜的漢字，如此一來，就連無知的鄉下人也能讀聖經。

中國以學術自豪，加上民風保守，因此沒有廣泛使用羅馬字，對於教會來說損失很大。不過，台灣在巴克禮博士時時強力提倡之下，有許多人學習白話字而得到亮光與喜樂，否則他們依舊會活在黑暗與迷信當中。巴克禮博士盡心竭力培育出讀經、愛經的教會，台灣人有十分精確的新舊約翻譯聖經來滋養靈命，可謂是無可計量的祝福，這主要歸功於我們的資深宣教師巴克禮博士。

主日學的老師，是會眾當中非常積極進取的青年。他們在八點，也就是主日學開始的前一個小時，舉行早禱會，由老師輪流主理。每月一次，在上午禮拜結束之後，召開教師會議；每兩週一次，在週六下午討論授課方法。

最近開始有初級班，目前由一位受過訓練的幼稚園老師負責。兒童約有一百人，幾乎全都來自異教徒家庭，他們的衣服鮮豔美麗、色彩繽紛。這項事工最鼓舞人心的地方，就是看見他們第一次聽到耶穌的故事，並且回應老師的愛與關懷。

1933 年，這所主日學校的奉獻有兩百八十圓（面額大約二十八英鎊），奉獻給台南醫院的兒童病房、加拿大長老教會戴仁壽醫生擔任院長的樂山園、彰化醫院、窮人、教會在澎湖的宣教事工。總計有五十位老師跟三百多位學生。

這所主日學校確實具有宣教的特質，在台南附近培育出六所新的分校，將成為基督教帶來影響力的新中心。他們會召開同工聯合

1933.12.24 台南太平境主日學聖誕記念

會議來分享經驗、保持合一。

　　相較之下，我們來看發展到足以聘請傳道的一般鄉下教會。教會有可能是用磚頭蓋的，更常見的是用木頭跟灰泥，相當樸素，不過整潔乾淨。教會沒有講台，有書桌跟椅子放在一端。木製長椅排在地上，容納五十到一百人，門窗都打開，以便通風。這裡的會眾是寒酸簡陋的鄉下人，婦女跟女孩用布將嬰兒綁在背上，男人穿著，看起來像用各種破布做成的衣服，幾乎全都打赤腳。

　　禮拜按照一般程序，傳道娘彈小風琴為聖詩伴奏，通常只有她認得音符。禮拜程序讓人覺得不足為奇，但我們要知道，有些信徒

可是帶著家人，在塵土飛揚的道路，跋涉數英里才走到了教會，也因此損失在田裡工作一整天的時間。

　　傳道或傳道娘必須擔任主日學校長，沒有幾個人受過的教育足以擔任老師。沒有適當的建物，通常是教會的每個角落各有一班，剩下的在樓梯或是傳道的家裡上課。設備無比匱乏。老師利用畫卷為全校上聖經課，然後孩子們分班練習，大聲讀出破舊的紙張，跟小冊子上面的白話字，一般來說效果並不好。他們會再次合班，由老師提問課程內容，也教他們唱詩歌。台南附近的教會確實很幸運，有神學院或女神學校的學生來協助主日學。

　　從 1917 年起，我們的報社開始印製主日學季刊，目前由台南東門教會的牧師負責，很有效率地出刊。有些中心的新特色是，在一個月當中，每天都有主日學。目的之一，是幫助沒有辦法正常來上主日學的人，可以在一個月內連續上聖經課。下午的課堂用來唱歌和玩遊戲，也有安排遠足。去年，在台南有一百五十位學生跟十五位老師，自願放棄一個月的假期，來協助這項事工。

　　這幾年來，我們面對最嚴重的難題是，公立學校越來越常用禮拜天，來舉辦運動賽事和許多特殊活動，學生不得不去參加。這對於主日學的出席人數極為不利，大城鎮尤其如此。另外，許多非基督徒家長，很少或者不會鼓勵孩子參加主日學，老師必須親自去拜訪，才能維持出席人數。

　　只有像我們這樣，跟他們實際生活在一起的人，才能意識到他們的生活，缺乏社交活動。主日學的聚會與團契，有助於因應這項重大的需求。青年友好地聚在一起，為了共同目標一起努力，潛移默化地改變原來的情況，讓青年產生全新的關係，也就是自始至終

都服事基督的關係。

主日學校	112 間
老師	1,097 位
學生	8,297 位
奉獻	2,045.61 圓

青年團契

　　第二章有提到台灣青年的宗教與道德背景，及其為教會帶來的挑戰。感謝上帝，過去一段時間，年輕的台灣基督徒，已了解到自己對於非基督徒群體的責任，他們籌辦佈道會和其他聚會，讓教會外面的人也能夠產生興趣。要如何橋接主日學跟教會之間的隔閡，這一困擾著英國許多基督教工作者的難題，也已經在台灣浮現了。除了一兩間教會的進階聖經班以外，明確的青年組織直到最近才出現。為了因應這項需求，台灣在 1930 年夏天，召開第一屆青年大會，某種程度上，是按照我們英國的夏季大會模式來舉行。我們不能期待，單單仿效英國的組織，就能複製團契精神；精神不可能由制度產生。但後續的發展顯示，雖然我們的組織尚未完備，不過將教會青年聯合起來研讀、見證、服事，確實切合明確的需求。

　　在第一屆青年大會的激勵之下，這幾年來有不少地方教會建立青年團契。這些團契，是青年懷著極大的熱情所建立的，不過除非有傑出的領袖，運用經驗來帶領和鼓勵，否則很容易流於台灣人常說的「虎頭鳥鼠尾」！跟其他地方一樣，在台灣，不是每位老牧師都廣受青年歡迎，更沒有幾個人，能夠帶領青年走出各種難題，與

新概念所形成的迷宮，這些新概念像傳染病一樣蔓延全島。電子、本能、社會改革、愛因斯坦、賀川豐彥、馬克思，──這些是他們想要跟福音連結起來的概念。他們眞正需要的是一位巡迴幹事，去拜訪和鼓勵各個青年團契，編輯適合的著作及籌辦大會。對於想在台灣爲基督做出重要的事工、也願意來見習的年輕宣教師來說，這是他能夠做得很好的理想工作。

台灣南部女宣道會

　　1929 年，爲了慶祝英國女宣道會五十週年，我們台灣教會的婦女，設立了台灣的女宣道會（簡稱「女宣」）。五年後，有七十五個分會，年收入一千五百圓，預備金兩千圓，並支持三位宣道婦開拓了之前沒有傳過福音的兩個地區。

高潘筱玉牧師娘

　　最致力於發起運動，與維繫成果的女子是高金聲牧師娘[3]，她的丈夫是神學院老師。出身於平埔番村莊的高牧師娘，小時候來到我們的女學校，由我們最早的三位「姑娘」教導。她婚後，與丈夫在我們的數間教會牧會。她非常關

---

[3] 潘阿金，字筱玉（1878-1944），苗栗内社巴宰族人，潘明和之女。她和高金聲牧師宣布要結婚時，引發教界一片熱議：因爲他們在未通知「教士會」，與在雙方父母同意的情況下，已收付聘金，以致「教士會」特別召開會議討論此事。（《台南教士會議事錄》，1901.10.23，638）《使信月刊》有其合照照片。（《使信全覽》，Vol. 47，1909 年三月，p.97）

心廣傳福音，懷著喜樂的心，一路突破障礙，達成任務。台灣的女性天生怯懦，禮節促使她們退縮，而不願擔任要職，所以「選舉幹部」會花好幾個小時，也是議程當中令人畏懼的項目。高牧師娘說服女宣道會的姐妹，要無異議接受她們被選上的任何職位。婦女一般會帶著大部分的小孩來開會；但高牧師娘說，「他們會打斷我們的討論。最小的孩子可以來，其他的必須留在家裡，跟父親在一起」，儘管台灣的父親不習慣當保母！

　　婦女率先關心，教會對於客家宣教的努力做得太少，所以她們差派一位客家的宣道婦，到很大的客家庄服事，她的成果相當豐

1934 年的台灣南部女宣道會

碩。她帶領改信的其中一個年輕人，目前就讀神學院，他畢業以後，萬巒（Ban-ban）的信徒會建立教會，由他擔任第一位傳道。

西海岸是另一塊受到忽視的區域，婦女緊接著規畫在海岸附近，一大片沒有傳過福音的土地展開事工。有兩位宣道婦受派到那裡，她們的服事很成功。

今年，女宣道會開始進行新的事工。教會每兩年會為傳道人舉辦一次大會，可是他們的妻子沒有機會在退修會或者大會當中聚在一起。今年，女宣道會為傳道人的妻子規畫為期一週的會議，有超過一百人立刻報名參加。

女宣道會是教會最有進展的機構之一。成員注意到非基督徒的需求，以及自己要為此負起的責任。信仰帶領她們前進。有一年，她們擔心赤字，不過她們的服事精神，表現在當時的話語之上：「我們祈求，錢就進來了。上帝沒有讓我們失望。」

台灣人與日本人

我們在本書各章當中，沒有特別強調政治情勢，不過讀者看得出來殖民地面對的難題。掌權的日本人，煞費苦心要同化有漢人血統的四百萬台灣人，使他們成為日本的忠誠臣民。但台灣人不樂見他們原有的漢人文化被連根拔起，或是被吸納成為日本帝國的一員。即便是日本跟台灣的基督徒也不會衷心合作。如果沒有去除這些反感跟誤解，對於台灣人與日本人的靈命來說，都是極大的危險。

這裡是世界上受創的地方之一，讓傷口痊癒的任務，不能留給政治去處理，更不能用物質富足來治療傷口。教會必須出手相助。

如果基督徒不能在宗教基礎上聯合起來，要去哪裡才找得到和好的盼望呢？我們基督教學校的老師，日本人跟台灣人各半，我們還不敢說已成功解決這難題。不過，我們相信，唯有基督能夠勝任這任務。唯有祂，才能推倒那使雙方互相敵對、分裂的牆，讓他們合一。唯有祂，才能使兩種人，藉著祂的生命，成為一種新人，和平相處。教會將來最重要的任務之一，就是樹立新的和好精神，讓日本跟台灣的基督徒能夠更密切合作。

　　雖然過去台灣跟日本的長老教會合作程度不大，不過雙方始終保持友好關係。密切合作的主要阻礙，在於語言不同。每間教會使用自己的語言來禮拜，每位基督徒自然而然地偏好以母語敬拜。整體來說，日本人絕對不會學台語，不過台灣人逐漸開始使用兩種語言，因此將來更有可能攜手合作。最有希望的合作方向是教育。我們開始察覺到，有需要讓若干日本基督徒來擔任學校的理事。遇到問題的時候，由他們向政府的教育當局說明基督教的立場，會比台灣人或是宣教師更加適當。針對這一點，日本基督教會在台灣的資深牧師上與二郎（Kami），已經給予我們極大的協助，日本基督教會歡迎我們的台灣學生，到他們的學校進修。有一些能力較好的神學生，前往東京修習比台南神學院更進階的課程，獲益匪淺。有不少日本基督徒打開家門，友善歡迎孤單在日本讀書的台灣人，台灣人非常感激他們親切款待，這也有助於消除台灣人跟日本人之間任何負面情感。

將來呢？

　　以上是南台灣的現況，立即浮現的問題是：將來呢？我們的教

會實行這項任務已經七十年了，未來還要再繼續努力多久呢？如此提問，合乎常情，雖然大致上沒有被說出口，而答案取決於我們認為在台灣的任務是什麼。整體來說，我們的理想是在台灣建立自立、自養、自傳的基督教會。讓我們用這些標準，來衡量任務已經達成何種程度。

　　理論上，台灣教會至少從 1896 年成立中會後就開始自立，南部大會首次召開大會的時候，有位宣教師，已經打算要唱他的「西面頌」，準備打包回英國了（因為他認為都已經成立南部大會，可以自立了，宣教師的階段任務已經完成）。不過，我們實際上花了好幾年來培養台灣的領袖階層，並讓基督教群體，習慣長老教會自立的方法。隨著台灣牧師的數量和經驗增加，自立的理想已經達成。我們的教會有一百一十三間教會，目前分成四個中會跟一個大會，全都由台灣基督徒負責，外國宣教師只提供最低限度的協助。如今主持中會或大會的台灣牧師，有威嚴也有能力，處理事務實際又有效率，猶記得教會草創時期如何治理的資深宣教師，看見此景，真是激動無比。台灣人跟所有漢人一樣，很有辦事能力，他們也自然而然地接受我們長老教會的治理體制。假如我們所有宣教師明天就離開禾場，教會還是可以自行運作。然而，誠如後面將會提到，我們不贊成採取如此極端的做法，這不符合教會的最佳利益。

　　第二點需要謹慎思考，少了英國長老教會提供的經濟援助，教會能夠走多遠？教會多快能夠達成「自養」？在此要牢記幾件事情。我們確實有幾位富足的台灣基督徒，他們能夠輕易地讓教會達成「自養」。不過，我們英國長老教會，同樣也有不少有錢人辦得到這點，他們有能力給予我們這種不太可能的好處，讓我們不用掏

出自己的錢放在奉獻盤上面，但無論是英國或者台灣的有錢人，都不會做這種事，教會必須倚靠的是忠誠慷慨的一般信徒。

　　要牢記的另一項重點是「基督教的慷慨」。這誠然跟非基督徒的慷慨截然不同。我有時覺得，要住在非基督徒社群當中好幾年，才能認識及欣賞一些常見的基督教美德。基督教的慷慨或者管家的概念，對於非基督徒的台灣人來說，相當陌生。確實有許多錢來自於他們，不過背後的原因，幾乎都是用來回報我們提供的服務、期待將來會得到好處，或者往往是為了贏得大方行善的美名，或是避免奉獻的錢，比生意上的競爭對手更少，而「失了面子」。他們跟古時候的法利賽人一樣，施捨的時候會吹號角。

　　我們有一些基督徒，將舊風氣帶進他們的新宗教，以此方式來奉獻。不過，上帝賜下的恩典沒有白費，彰顯在整體教會良善的慷慨解囊之上。我們的一般信徒很窮，一年當中經手的錢很少，不過他們卻慷慨奉獻，也往往有很強的責任感。1933 年，經濟蕭條遍及各地，許多地區歉收，但台灣教會為了各種目的，總共募集了 73,331 圓，大約每位陪餐會員是 8.60 圓（面額 17/6）。以財力而言，我們的教會是大方的，它將能用自己的資源支應各式需求，無需懼怕完全自立的時刻來到。即使是現在，英國長老教會直接提供的金額也少得驚人，總計是七千圓，大約是南台灣教會一年平均奉獻的十一分之一。我們差會主要的經濟貢獻，在於維持我們的機構事工，也就是學校、神學院跟女神學校、醫院。我們在接下來許多年，仍要為此負起責任，不過，台灣教會離全額負擔一般教會事工的日子不遠了。

　　在我們的中學跟女學校蓋新建物的時候，台灣人特別奉獻了兩

千和三千英鎊，應該在此記下一筆。此外，中學募集留本基金的時候，關注教育的台灣人認捐了將近九千英鎊。持平而論，其中有相當大的一部分來自非基督徒。

第三點是整體情況的真正關鍵，台灣教會有望多快可以完全自傳？這必須考慮兩項因素。唯有親身經驗過異教環境的人，才會相信它對基督徒的生活，和活動所造成的麻痺作用，而且隱藏在深處的對於基督教的敵意，有時會衝破表面，其嚴重程度令人驚訝。我們必須同情這個教會，它被完全佔有人數優勢的反對者，重重包圍，台灣的基督徒人口可比滄海一粟，比例不夠多，我們必須努力增加才行，──我們粗估，南台灣的一百人當中，有一人是基督徒。信徒的數量要先增加，他們構成的社會，才能在國家生活當中，具有明確及公認的地位，有效抵擋沒有聽過福音的大眾，所施加的壓力。在教會擁有足夠的人數，提供向前邁進的動力之前，有外在的協助至少比較好。

另一點總是讓我們停下來思考的，就是台灣教會究竟培育了多少人，能夠大力帶領教會，讓福音遍傳全島。我們有許多會友，他們對於傳福音給同胞的事工，漠不關心的程度令人訝異。這有各種原因，也是造成軟弱的真正源頭。我們有許多人，將教會視為專屬俱樂部，不輕易跟外面的人共享特權，正如英國有些長老教會，被當成週日加里東學會（Sunday Caledonian Societies）！這些人有時不情願地歡迎新來的人，懷疑他們的動機，──這種懷疑有時是合理的，直到他們證明自己的真心之前，都冷漠以待。這些人往往不會親切歡迎，抱持鼓勵態度，細心協助。實際上，這些會友可能不想光明正大的，把自己跟不受歡迎的宗教牽連在一起，或是他們對於

福音的信息缺乏信心，或是根本沒有能力明確地做見證。不少台灣
基督徒的信仰過於模糊無形，以致他們無法用言語加以表達，然而
這卻是他們靈魂真正的支柱。無論潛在的原因為何，傳福音總是要
先克服惰性。我們的教會缺少自動自發傳福音的人。我們非常感謝
一些台灣人在這方面所做的工，不過大部分基督徒，確實沒有想
過要關懷他們的鄰舍，林燕臣牧師 ❹ 是特例。他在 1895 年加入差
會，成為三位新進宣教師的語言老師。他是前清秀才，精熟儒家道
德。他是那種只要聽過基督教教義就會接受的人，他也全心接受
了。他的品格性情出眾，——「看哪！這是個真以色列人，他心裡
是沒有詭詐的」 ❺ ，天生適合當佈道家。他的學者身分，賦予他無
人敢挑戰的權威，他對於目的和信念，抱持透明誠實的態度，也讓
人樂意聆聽，佈道成為他一生最關注的事情。在三十九年的服事當
中，無論是在中學當教師、在小鎮當牧師，或是在神學院當老師，
他最關注的事情就是佈道。一週的教學工作結束之後，他常在週
日，在台南附近，炎熱又塵土飛揚的道路上奔波，對著聚集過來的
村民佈道，一整天下來宣講個五、六次；他晚上回到家，疲累卻不
厭倦，對於佈道的熱情用之不竭，讓他不受一般疲勞所影響。林牧
師不需要克服任何惰性，只要一句話，七十三歲的林牧師就起身急
著出發，這位辛苦走過台灣道路的佈道家，是上帝的快樂戰士之
一。還有一些人跟他一樣，不過我們需要的不是一兩個，而是一、

---

❹ 林燕臣牧師（1859-1944），大清國台南府人，光緒年間秀才，而後為中學與神學院
　漢文教師，其子為二二八受難者林茂生博士。《使信月刊》有其與中學生的合照。
　（《使信全覽》，Vol. 21，1872 年，p.232）

❺ 語出〈約翰福音〉一章四十七節。

1929 年台南神學院師生合影（前排左三林燕臣，右二高金聲）

二十個。

　　雖然台灣基督徒，在許多方面發展出相當眞切的領導恩賜，不過坦白說，還沒有領袖能夠眞正激發其他基督徒的忠誠與自信，帶領他們勇敢出征。台灣沒有賀川豐彥，也沒有任何人的靈命身量接近他。前面已經提到，假如所有宣教師忽然離開這座島，基督教還是存活得下來，不過會向下沉淪，它的標準會降低，它的習慣和制度，會遷就於一般台灣人的生活模式。

　　類似的事情，毫無疑問會發生。前陣子，有位台灣傳道很坦白地告訴筆者，他認爲教會應該要容許葬禮可以混合異教的儀式，藉

1911 年英國長老教會台南教士會合影。後排左起：連瑪玉、馬雅各二世夫婦、何希仁牧師全家。中排左起：宋忠堅、盧仁愛、甘真珠、廉德烈、萬真珠、滿雄才。前排左起：蘭大衛、宋以利沙伯、文安、甘珍娜、甘為霖、朱約安、滿馬利亞、巴克禮

此來吸引非基督徒，因為非基督徒厭惡全然陌生的基督教做法，覺得當中缺乏他們自己那套儀式的溫暖與色彩。

　　以上提到欠缺傑出領袖的部分，可能會讓某些讀者感到失望。這是審慎的判斷，或許是過於審慎的判斷，我們有時因為青年在教會事工上，表現出了不起的主動與勇氣，而興高采烈，我們的教育事工近年來有很大的進展，我們會在新興的世代收成這項事工的果子。在評估前景的時刻，我們應該能夠指望更多更有智慧與能力的教會工作者。

　　即使情況大有盼望，我們還是不得不明確地說，終點還沒有到來。

　　我們英國長老教會，在這裡有不敢輕忽的責任與榮幸。台灣教

會往後數年，會心悅誠服地接受我們的幫助與指引，英國長老教會願意供給他們嗎？如果你們受到呼召的話，你們願意回應嗎？誰要居首，就得做大眾的僕人，其他的領導方式一文不值。我們這裡需要有特別恩賜的人，當然要有語言天分，台灣是雙語國家，日語跟台語這兩種主要語言截然不同，也都很難學會。我們的學校、神學院、女神學校需要老師，他們必須有教師授予知識及喚醒熱情的恩賜。我們需要有恩賜的佈道家，能夠抓住冷漠群眾的想像力，這些群眾心裡想的都是「喫甚麼？喝甚麼？穿甚麼？」[6] 之類的問題。我們需要最專業、有同情心、和藹可親的醫生；我們需要護士有善於組織、激勵別人的恩賜，來照料交付給他們的病人和受苦的人。我們需要女性工作者將基督教的秩序、紀律和甘甜帶入家庭生活，消除無知、迷信和恐懼，讓東方女性受到應有的榮譽和尊重。最重要的是，我們需要能夠說出「基督的愛支配著我們」的男女，唯有如此，才能在宣教師艱辛的一生當中，忍耐到底。這種生活有其璀璨炫目的獎賞，不過獎賞來自在隱密中察看的天父，而炫目的不是黃金，是羔羊在寶座上的光芒。

「祂是我唯一的避難所，
　在十字架上受死復活。
　唯有我的戰友上帝並肩同行，
　才能帶著罪惡痛苦上前爭戰。」

---

[6] 語出〈馬太福音〉六章三十一節。

晚年的巴克禮牧師

問題討論

1. 你們認爲我們在台灣的宣教事工有其正當性嗎？
2. 請指出這項事工的優缺點，並針對將來的進展提出建議。
3. 請預估 (a) 主日學、 (b) 青年事工及 (c) 婦女事工的前景。
4. 台灣教會缺少領袖一事，能否用來批判我們的宣教方法？
5. 請討論你們個人及青年團契能爲在台灣推動基督的大業做些甚麼。
6. 有任何原因讓你們認爲自己應該或者不該成爲宣教師嗎？

1895 年的台灣

——戰爭、宣教事工、前景

教會 文學碩士巴克禮牧師 著

教育 余饒理牧師 著

倫敦：出版委員會

帕特諾斯特廣場 14 號

1895年台南「教士會」報告

文學碩士巴克禮牧師

基於幾項原因，1895 年將是台灣宣教史上值得紀念的一年。

第一，十二月十八日有三位新的宣教師抵達❶，兩位是填補空缺，一位是新增的同工。這在我們差會分部是史無前例的事情，在其他分部可能也沒有發生過。我們深深感謝有三位新的宣教師，來到我們當中，我可以很有把握的這樣說那三位新的宣教師：這讓我們對於差會在本地兩大中心的未來充滿盼望。

甘爲霖牧師三月十六日啓程返國❷；金爲霖醫生夫婦四月六日離開。安彼得醫生夫婦跟孩子十二月八日休假歸來。

第二，另一件值得紀念的事情，是這一年的春天舉行大會，決議要成立中會，以及封立兩位男子成爲牧師❸。當時有用私人信件將大會的詳情傳回英國。不幸的是，本島情勢動盪不安，我們幾乎無法爲此會議做任何準備，目前該會訂在 1896 年二月二十四日舉

❶ 即梅監務牧師、蘭大衛醫生與廉德烈牧師。

❷ 根據《台南教士會議事錄》的〈Complete List of English Presbyterian〉名單記錄，甘爲霖牧師離台日期爲三月四日，但是在「教士會」458 次會議中（1895 年三月十三日），甘爲霖仍然出席，所以他離台日期應是這裡所說的三月十六日。

❸ 巴克禮牧師在報告中說，在 1896 年成立大會時，要封立兩位牧師，事實上眞正封立的日期，不知何故，竟然延後兩年，至 1898 年四月才舉行：該月二日在屛東林後教會設立潘明珠爲牧師；五日後，在新樓中學設立劉茂坤爲牧師。《使信月刊》有此次封牧大會相片。（《使信全覽》，1898，p.214）這是南部大會最早的兩位本土牧師。

1898 年 4 月 7 日在長老教中學召開的劉俊臣封牧典禮，潘明珠早五天封牧（前排左起潘明珠、甘為霖、廉德烈、巴克禮、劉俊臣）

行❹。我們也無法教導兩位受選成為牧師的傳道，不過我們對他們有充分信心，樂見他們以目前的狀態封牧。二月的大會，可能會有兩位日本牧師到場，他們是井深梶之助❺跟大儀見元一郎❻牧師。日本大會指派他們來台灣參訪報告，他們認為我們舉行大會的時候

---

❹　此次所謂的「中會」，即「南部大會」。參閱第一章註 23。

❺　井深梶之助牧師（Rev. Ibuka Kajinosuke, 1854-1940），日本福島縣會津若松市人，為武士家族後裔。

❻　大儀見元一郎牧師（Rev. Ohgimi, 1845-1941），日本東京人，在美國留學期間受洗。

最適合來訪。

　　第三，這一年最引人注目的事情，就是這座島被割讓給日本。中國與日本在四月十七日締結和平協議，其中一項是將台灣移交給日本。許多當權人士對此感到相當不滿，尤其是士大夫階層。於是，台灣民主國在五月二十四日左右宣告成立，獨立於日本跟中國之外。台灣民主國在這座島北部維持了十天左右，再過十天就有可能在南部結束；不巧的是，夏天即將到來，這種時節不適合發動海上攻擊。日本軍隊開始緩慢地取陸路前進，卻嚴重受阻於當季的水災跟病症。日軍在十月二十一日和平佔領台南府，公開的抵抗就此消聲匿跡。不過到處都有動亂的傳言，所以軍隊沒有全部撤走，這座島在某種程度上依然受到軍法管轄。

　　無論是誰都會同情老百姓，他們在未被徵詢同意的情況下，脫離了引以為豪的古老中華帝國及其傳統，被移交給日本，變成他們所鄙視的帝國的一部分。可是，令人哀傷的是，反抗行動從一開始就是無望的，造成雙方數千人喪生，有些是死於戰爭，不過大部分死於疾病。戰爭使得財產遭受大規模破壞，──有的或許是交戰當中無可避免的，但有不少是純粹惡意的破壞，農業因戰爭而荒廢，交易也停滯了。或許更嚴重的是，日本以如此糟糕的方式揭開了統治的序幕。這麼多的士兵與苦力在這裡，讓人民的生命和財產受到許多侵害，這種情況仍在持續當中。若是和平移交的情況，這種迫害當然不可原諒，當然日本人可以辯解說，這樣做對叛亂分子已夠寬容了。雙方都會長久懷恨在心，大大阻礙友好關係的發展。

　　要評估我們的事工，在新政權之下，可能會有的得失，現在還言之過早。情況還很不穩定，在接下來的十六個月，人民可以自由

選擇去留。過了這段時間以後，我們就會更明確知道日本的意向。根據日本政府的一份聲明，他們的目的是讓這座島上的人，在身心靈上，都成為日本人。下一代的宣教師必須學習日語，我們差會的整體面向也會改變許多。與此同時，有一些好處值得期待。目前的**轉變**，將會改善宣教師的生活條件：更好的通訊設施，也會為我們的事工帶來很大的幫助；廢除中國式的官僚政府，甚至是廢除整個士大夫階層，包括使儒家的名譽掃地，將會移除我們面對的許多阻礙。我認為偶像崇拜已經受到打擊，而且程度可能會更加強烈。不同國家的佛教徒，不像基督徒那樣，四海之內皆弟兄。無論如何，舊有秩序已經被顛覆，我們可以期待，人們將越來越不會用遲鈍冷淡的態度，來抗拒基督教，從而開始認真思考信仰的問題。基督教在日本擁有較高的地位，政府遵守安息日等，都有助於我們的事工。

　　針對這個主題，我已經寫得比我預想的還要多。我們今年大多在關注這些政治事件，因此要報告的差會事工相對較少。我們教會在交戰當中的傷亡情況如下：

　　一位基督徒跟兩位慕道友，在嘉義附近被漢人殺害（那位基督徒的妻子因驚嚇過度而死亡）。

　　五位會友跟八位慕道友，在麻豆被漢人殺害。[7]

---

[7] 「教士會」稱這個事件叫做「麻豆屠殺」（Mwatau Massacre），是因為麻豆居民認為基督徒勾結日本軍，所以殺害麻豆教會基督徒共十三人，《台南教士會議事錄》在 1895 年十二月八日記錄如下：

　　關於「麻豆屠殺」一事，報告如下，「教士會」已經通知日本當局此事，兩個凶手已遭逮捕，但是後來因已交付保釋金，業已飭回，相關證物已經搜集完畢。同意由巴克禮與余饒理指派一個委員會處理此事，此外，應該告知受害者之親友，交付私人物品損害申請書。（475.10）

　　次年九月三十日，「教士會」報告麻豆事件結案如下：

一位會友代表村子去談和的時候，在牛挑灣（Gu-ta-oan）被日本人殺害。

　　一位會友跟四五位慕道友在茄苳仔（Ka-tang-a）被日本人在交戰中殺害。

　　一間位在土庫（Thaw-khaw）的禮拜堂，連同這個小鎮，一起被日本人燒毀。

　　多間禮拜堂遭到劫掠，損失大約 $300。 ❽

　　高死亡率或許有一部分跟戰爭相關。我得知我們有兩位會友因受到驚嚇而神智不清。會友個人遭受搶劫的損失比差會更嚴重，但我不知道總額是多少。漢人在教會的出席人數，受戰爭影響不大。

　　感謝上帝，就我們所知，各個教會都沒有人因為害怕而背叛教會，各地基督徒的行為讓我們十分欣慰。另一方面，企圖取悅日本人而加入教會的人，就算有，也是少數。平埔族的教會狀況不同，我們不知道埔社跟東海岸的情形如何，這一年當中，幾乎沒有收到他們的消息，自從日本人抵台以後，更是完全沒有。不過，其他大部分平埔族教會的出席人數，近來增加了一倍或兩倍；他們說木柵的出席人數有五百或六百。我明天要去那邊，回來以後可以寫得更完整。

　　隨函附上這一年的數據（很抱歉，我找不到印製表格來填寫）。以目

　　巴克禮報告：根據麻豆事件的協議，麻豆居民會提供一個地方，以為被謀殺之基督徒的墓地，並支付七千元之賠償金，目前已交付一千元，其餘六千元在一個月內結清。（503.3）

❽ 關於多間教堂因戰爭受損之事，「教士會」在 1895 年十二月八日記錄如下：
　　同意須修復多間教堂，因日軍而受損的清單，並交付日本當局此項清單，要求他們賠償。此事交由宋忠堅處理。（475.11）

前的狀況而言，整體上我們只少了七個人，可謂相當令人欣慰。當中有兩位離開我們到別的教會，其他的是直接因為戰爭而喪命。

日本在三月二十四日佔領澎湖。那禮拜，宋忠堅牧師與萬眞珠姑娘從鄉下被召回，三間學校關閉。從那個時候到十一月十七日為止，都沒有牧師去訪視鄉下。余饒理牧師去訪視打狗和另外 兩間教會，在城裡守了兩次聖餐。因此，我們只有四、五個月的工作可以記錄。這段期間，教會接納了五十九位成人（其中十位受過小兒洗禮），相當鼓舞人心。

至於東海岸的教會（我們約有十分之一的信徒在那邊），我們完全沒有收到消息。

鳳山地區的教會跟去年差不多，幾乎沒有增減。整體而言，我們很確定會員人數雖然沒有增加很多，不過信徒跟前幾年比起來更加優秀，忠誠努力的傳道，一定會在未來幾年產生果效。

安平地區的變化比較多。前面已有提到山區的諸教會，不考慮日本人到來的話，這裡有一些復甦的跡象。岡仔林（Kong-a-na）今年接納七位成人，去年有五位。台南府的出席人數正在增加。每一季的聖餐一般都有接納會員，來自東邊幾英里外一些村莊的人比較多。其中一個村莊是埔姜頭（Paw-kiu-thau）[9]，當地在主日有個別的聚會，有將近一百位慕道友參加。有一位神學生在那裡十分信實地服事了幾個月（神學院已關閉），在週間教導一群學生。

嘉義地區的變化不多。有兩間平埔族教會的出席人數加倍。我們很關心位在麻豆的新教會，我們在春天取得非常適合的新地點，

---

[9] 埔姜頭，即今日的永康。

有一位可靠的傳道在那裡服事，出席人數也有增加。十月十四日，那場不幸的屠殺事件終止了主日禮拜，至今尚未恢復。日本當局不太願意處理這件事，因爲那是發生在他們來到這裡以前的事。不過，在我們的迫切抗議之下，他們正在關注此事，我們希望能有一些補償。值得注意的是，雖然發生了屠殺，不過年終的會員人數比年初更多。教會響起熱切的禱告，殉道者的血，證明是教會的種子。在嘉義，三位信徒被殺害以後，主日禮拜暫停了幾週。那邊跟我們所有的教會，都籠罩著敵視基督徒的威脅，有許多教會指出，要是日本軍隊晚幾天才到，禮拜堂就會被摧毀，基督徒就會喪命。

我們禾場最有趣的部分是彰化地區。我們沒有收到埔社四間教會的消息。大社跟往常差不多。教會在此地區散播開來的情況，非常有意思。我第一次休假回國的時候，從嘉義以北到大社，這個地區全都是異教徒。我在英國時，得知從嘉義到彰化的中間點，開始有了教會，就是現在的茄苳仔。這間教會是另外三間的母會，現在還是很興旺。去年（1894）他們爲了新址花了一大筆錢，今年（1895）他們全額支付傳道的薪資。沒多久，就有一群人分出來，成立斗六（Tow-lak）教會，位在東南方大約八英里處，在嘉義通往埔社的路上。這間教會始終不興盛，早期的信徒不太眞誠。這幾年，天主教在那裡非常活躍，不擇手段地招聚大量有名無實的會員，拉走我們的一些會友。不過，人們知道這兩間教會不一樣。去年，暴民拆毀神父跟天主教會友的家，我們的禮拜堂幾乎位在正對面，卻完好如初。不久之後，甘爲霖牧師在彰化找到房子。那邊的事工進展相當緩慢，不過大有盼望。兩三年來，有一位充滿活力的傳道，使出席人數穩定增加。我希望很快就能得知有一群人得到接

納。另外一間從茄苳仔分出來的十三甲（Tsap-sa-kah）教會 ❿，在北方大約七英里處，因為只有一個村莊，那邊的出席人數沒有很多，不過會友品行很好，大多能夠閱讀，也有良好的聖經知識。去年分出來的另一間教會是社頭崙雅（Sia-thau lun-a）⓫，位在茄苳仔的東北方大約八英里處，在彰化的南偏東十二英里處。我十一月底去訪視這個教會，所見所聞，令我深受激勵。出席人數約有一百，他們很有規矩，一直坐到禮拜結束，專心聽講，歌聲美妙，是歷史更久的教會要學習的榜樣。他們為了《教會報》認捐 $8.60，是我所知各地當中最大的金額。他們支付傳道數月的薪資。有二十三人想要得到接納，我為其中的十三人施洗。他們已經送了一位大有可為的學生去神學院，我也樂見其中一位得到接納的人前來就讀。慕道友來自二十多個不同村莊，整體來說，前景最可期待。此地區最新的教會，是從嘉義分出來的土庫，位在嘉義的西北方大約十四英里處，在茄苳仔的南偏西八英里處。這裡還沒有教會會友，不過已經有一群充滿希望的慕道友。被燒毀的禮拜堂就是在這裡，還有十或十二間慕道友的家也被燒毀。我們深感遺憾，他們才剛開始，就遭遇如此令人沮喪的事情。

　　為了填補禾場的空白，我們需要趕快在海濱地區設立三間新教會：一間是在彰化外圍的鹿港（Lok-kang），一間是在嘉義外圍的北港（Pak-kang），一間是在更南邊的鹽水港（Kiam-tsui-kang）。其中兩間已經有核心的會眾。有了這些教會以後，我們的禾場就不再有大

---

❿　十三甲，即今日的斗斗。

⓫　社頭崙雅，即今日的社頭。

片空白。我想，我們的日本朋友，對於台灣的情況感到相當訝異，他們似乎以為，台灣是上帝賜給他們做為宣教禾場的異教島嶼。但他們來了以後發現，這裡已經有一百多間教會，有將近三千位信徒。細川瀏牧師（Hosogawa）[12] 告訴我們，台灣有許多信徒可以做日本信徒的榜樣，日本基督教會可能不會針對漢人展開宣教事工，不過我們希望他們會針對自己的同胞宣教，因為那是我們無法觸及的對象。我們試著為他們做點什麼，我們有賣日語聖經。上禮拜日，梅監務牧師為講英語的日本人主理英語禮拜，廉德烈牧師找了一位日本紳士，跟他一起用英語讀聖經，不過，他們多半不太懂英語。我們各地的基督徒，例如澎湖，因著日本基督徒的團契之情，而深受鼓舞，他們當中有一些非常聰明的基督徒。

最欠缺的依然是本地的事奉者，神學院正在協助人才培訓。我們的事工當中，最讓人欣慰的地方，應該就是傳道素質的提升。遺憾的是，數量還是太少，——四十間教會大約只有三十人。在這一年當中，神學生只上了一個月左右的課，其他時間則到不同的教會，提供各種協助。我們下個學期開課的時候，可能會有十一位學生。

這一年當中，出版工作比較沒有那麼積極，因為大多數時間，只有兩名印刷工人，可以使用的時間很零碎。主要工作是定期發行公報。新的工作地方很合適。

我們對於明年的事工充滿關心與期待。在中國、台灣民主國跟日本政府遞嬗更迭的情勢之下，我們的事工依然有其需要。耶穌基

---

[12] 細川瀏牧師（Rev. Kiyoshi Hosogawa, 1875-1934），日本高知縣人。曾在台牧養多間日本教會。《使信月刊》有其獨照。（《使信全覽》，Vol. 47，1909.1，p.25）

督昨天、今天、直到永遠,都是一樣。即使情況變得更艱難,人心變得更疲憊,我們更要告訴他們,唯有祂能賜給他們平安。

多馬·巴克禮

附註:以上寫好也將要寄出的內容,不會呈交給教士會。城裡的人會有機會讀到。

台南府本年度宣教數據

截至1895年十二月三十一日

1894年十二月三十一日陪餐會員	1264
接納爲陪餐會員	59
恢復爲陪餐會員	6

	1329
在這一年當中過世	65
遭禁聖餐	5
去了別處	2

	72

	1257

本年度淨減值＝7

除籍一人

教育：1895年

余饒理牧師

過去這一年，在差會的歷史上非常特殊，台灣幾乎各處都是騷動與哀傷，生命財產沒有保障，沒有人知道明天會如何，危險和苦難攪擾人心，人們幾乎不知道和平的喜悅為何，一切都如此令人悲傷。

中學在中國農曆年初展開新學期，當時看來一切穩定、有希望。有一群優秀的學生聚在一起，每個人都表現良好。然後三月傳來日本轟炸澎湖的消息，普遍預期日本將要攻打台灣。在校區的教育機構必須關閉。不過，我們期盼難關很快就會過去，於是將中學裡面，十四個年紀最大，也最聰明的男孩，送去拔馬（Poah-be）⓭繼續讀書。到了七月底，我們認為在日本人由北往南推進，從而使交通斷絕之前，這些男孩應該先各自返家。日本佔領這座島以後，和平得到很大的保障，所以我們安排在學校重新復學。不過，為了因應我們目前所處的新情勢，還不太清楚教學科目要做出哪些更動。日本打算在全島設立學校，全都會教導日語，也說他們的中學會將英語列在教學科目當中。我個人認為，我們也應該照著這樣做，且標準要比日本的更高，而非更低。不過，目前有幾件事情需

⓭ 拔馬，即今日的左鎮。

要考量，難以確知哪一條路，對於本地教會最有利，我們非常需要上帝的指引。

在這一年大部分的時間，當地「小學」，一直保持良好狀態。其中五間學校，有專科老師在授課，有些「傳道」在這方面也做了很好的工。萬眞珠姑娘十分關心辦在台南府禮拜堂的學校，在地學校非常需要有資格教書的人才。

跟台南府其他機構相比，盲人學校比較沒有因爲去年的動亂而中

余饒理牧師

斷運作。這主要是因爲學生全都住在城裡，只有一人例外。學校的課程有兩種面向，一種是工藝，另一種可說是文字，——讀、寫、算術等等。我們確實必須仰賴工藝課，幫助學生習得謀生技能，我們需要一位多才多藝的優秀人才來負責本科，宋忠堅牧師娘親切提供編織用的毛線，也安排出售成品。

我們期待下主日（1896 年一月五日）有三位盲人學校的學生，會受洗得到接納，成爲教會會員，第一次與主同桌。

青年團契協會跟聖經背誦班，在這一年當中照常聚會。

讓我們一同期盼，台灣已經邁入和平進步的時代。近來日本在這座島上的統治和影響，讓幾乎各方面情況都出現大幅改變。願上帝賜給我們一切恩典與智慧，讓我們明白在全新特殊的環境當中要做什麼。在祂的指引幫助之下，我們沒有理由走錯方向。

關於白話文新約聖經新譯本的想法

從我初抵台灣，就確信三件事，至今歷五十年，仍堅信不移。第一，若要有健全而有活命的教會，每一信徒不分男女，都要研讀聖經。第二，這個目標，使用漢字是達不到的。第三，使用羅馬拼音的白話字，可達到這個目標。

——巴克禮牧師

台灣台南
1917 年九月

親愛的＿＿＿＿＿：

　　我很高興在翻譯的過程當中，收到你的許多建議與指正，因為你的評語本身有其價值，也因為這代表你關心此事工。基於後面這個理由，我以此信，將我對於新譯本的看法告訴你。

　　首先，我要表明一件事。有人似乎以為，這個白話文版本，只是標準中文譯本的增補版、輔助版，重點不在於完全精確，因為隨時都可以根據具有權威的譯本，來加以檢驗、修正。我在此要立即指出，在籌備這項事工的時候，我並非抱持這種想法，——現在說的是要達成的理想，先不考慮實際上距離理想有多遠。我的想法是，白話文版本應該成為教會的標準版，學者在書房使用，傳道人在講台上使用，婦女跟兒童也在家裡使用。我特別希望在禮拜的時候，能用來大聲宣讀。當我想到人們宣讀中文經文，經常結結巴巴、一知半解、錯誤百出，就會覺得幾乎任何一種白話文版本都比中文聖經好，唯有如此才能朗誦、有力地宣讀。

　　就此事而言，幸好我不必再次提起中文字跟羅馬字的爭議，——這種爭議令人遺憾，二者都應該要認可彼此的價值。不過以宣讀來說，要相提並論的，並不是中文字跟羅馬字，而是比較兩種白話文翻譯的優劣。第一種翻譯，是由一個通常不夠完美的學者來進行，他先閱讀可能是過時的、只有大致準確的中文經文，然後在會眾面前，只有短短幾分鐘的時間來翻譯。意即，傳道人結結巴巴地讀完一段經文以後，求助於坐在會眾當中的妻子，問她要怎麼用台

1913 年在廈門與同工們翻譯新約聖經留影（左一爲巴克禮牧師，右一爲高金聲牧師）

語來解釋。另一種翻譯，是由我們兩三位能力最卓越的漢人學者，在一位外國人的協助之下，用希臘文原文對照最好的英文跟中文譯本，在安靜的書房慢慢仔細地翻譯，也經常加以修訂。二者當中，哪一種版本更好、哪一種應該用於敬拜，是毋庸置疑的。

　　我們抱持的信念，是要翻譯出一份譯本，做爲標準且獨立的教會聖經，這大大影響我們的行動本質。我們的目標，純粹是將新約的希臘文外貌，轉化成中文的外貌，讓內在的意義，盡量原封不動地保存下來。我們不是爲婦女和兒童製作的簡易譯本。我們的任

務，不在於調和表面上的矛盾或差異、緩和嚴厲的語氣、或移除絆腳石。我們的目標是，讓今日的中文讀者，跟第一世紀的希臘文讀者一樣，站在同樣的基礎之上。我們不想要，即使我們有能力，模仿莫法特博士（Moffatt）或韋茂斯博士（Weymouth）的譯本，這些著作的價值，在於讓我們知道，卓越的學者認為聖經的意思為何，不過它們不是、也不能做為基督教會的新約。

　　有鑑於兩種語言的特質大不相同，這種譯法，顯然很有可能將語言的習慣用法，伸展到最極限，譯文的精確性，比起風格更為突出，有點難以閱讀，缺少原文的自然。新版本最容易受到批評的地方，可能就是這些：有一位漢人譯者敏銳地提到，在翻譯過程當中收到的批評，幾乎都是敦促風格要更流暢自由，可是當我們詳細斟酌這些建議的時候，卻大多是要更加符合字義！此外，當我向來訪的漢人牧師提到《以弗所書》某節可以改得更容易閱讀時，他說：「不，我們要的是原文確切的意義，其他的我們可以自行處理。」我們當然想要風格自在流暢的確切譯文，但二者無法兼得的話，無論如何都要保留原文的精確涵義。整體來說，即便《修訂版聖經》有其缺點，我們也是遵循它的路線，而非採取《欽定版聖經》的做法，就算它有許多優點。

　　有人可能還是會極力主張，儘管整體路線合理，也沒有必要推到極端。我們確實可以籌備更簡單易讀的版本，基本上也能傳達原文的意思。就某個程度來說，這種說法或許沒有錯：舊版本有些地方可能翻得比新譯本還要好。正如《欽定版聖經》的譯者，據說在一些地方基於常識來翻譯原文的做法，更勝於《修訂版聖經》那些優秀的希臘文學者。能夠用更道地的文字做出同樣準確的翻譯，我

當然欣聞樂見，不過前提必須是準確的翻譯，而非「實質上一樣」或是「一樣好」。我不支持完全默示（plenary verbal inspiration）的任何理論，可是擔任譯者兩年的經驗，讓我知道遵照聖經，確切的用語有多重要；即便傳遞同樣的意思，只要偏離原來的用法，就很容易遺漏原文要表達的某些部分，或者放進不該出現的某些東西。容我舉一兩個例子來說明，譯者稍微改變表面上看起來不重要的用語，如何在無意間更動了語義。

　　一、〈羅馬書〉九章一節：「我在基督裡說真話，並不謊言。」韋茂斯博士的譯本是「我以基督徒的身分告訴你們真話，──不是謊言」。乍看之下，他無傷大雅地改成更現代的說法；在基督裡，確實就是當一個基督徒。不過，除了喪失保羅特有的用語「在基督裡」之外，稍加思考就會明白，這還涉及了時代錯置的問題。「門徒稱爲『基督徒』，是從安提阿起首。」我敢說你跟我一樣，經常向學生指出這句話的重要性，異教徒給門徒的新名稱，標誌著教會的發展進入下一個階段，不再只是猶太教內的新宗派，而是在世人面前脫穎而出，成爲真正的基督大公教會。你會說這名稱確實不是猶太人給的，也不是信徒自己採用的，因爲新約作者沒有用過，──〈彼得前書〉四章十六節不算真正的例外，因此證明這名稱是異教徒給的。但是韋茂斯譯本的讀者會說你錯了，因爲新約有大量使用「基督徒」一詞，你的論述基礎就變得站不住腳了。

　　二、〈使徒行傳〉十五章十五節：「眾先知的話，也與這意思相合。」莫法特博士譯爲「這跟先知所說的話相符」，韋茂斯譯本跟《二十世紀新約聖經》也是。這看起來可能也只是措辭不同，兩種的意思都一樣。如果兩種事物相符，則無論我們說 A 跟 B 相符

或是 B 跟 A 相符，都不會有太大的差別。然而，觀點稍有不同之處，在於二者當中，哪一個被視為既有的標準。這句經文正是如此。議會面對的問題是，外邦信徒在沒有遵守猶太儀式的情況之下，能否享有上帝百姓的完整恩典？而答案是肯定的。使徒跟弟兄從哪裡學到這點呢？我們可以說，是從研讀聖經而來的。猶太學者研究《阿摩司書》這段經文已經七百年了，我懷疑有任何一位學者，從中推論出彌賽亞的國度，不會關心割禮這件事。這確實是令釋義者感到困惑不解的經文之一，另一方面，法利賽人也很有可能會引用同一段經文。他們從哪裡得到新的指引呢？他們是在順服的道路上得到的，那時他們出去向萬民傳揚福音，從上帝的靈得到履行職責所需的啟示。彼得、巴拿巴與保羅，宣告上帝在外邦人當中所做的工，於是爭論平息，議會達成決議，然後雅各指出，這正是先知一直以來所說的。我不用詳論這件事，可是我認為這段經文告訴我們非常寶貴的道理，也就是聖經與經驗，都具有指引教會的重要地位。上述三種英文譯本都少了這道理，可是譯文更精確的《修訂版聖經》有保存下來。有一個實例，——我可以暗示，這個可以點出不同觀點間的輕微差異，三年前有一位英國聖公會的要員，他說在基庫猶（Kikuyu）舉行的會議跟教會的標準相符，或是說教會的標準跟在基庫猶舉行的會議相符，這兩種說法的觀點稍有不同，而雅各所說的是後者。

　　三、〈使徒行傳〉二章十七節：「我要將我的靈澆灌凡有血氣的。」舊的譯本是「我要將我的靈加諸眾人之上」（I will bestow my Spirit upon all men），看起來是用更虔誠的字眼，傳遞同樣的意思。可是，這種較自由的譯文，也遺失了某些意涵。這幾節述說聖靈的

洗禮成就應許，精確的譯文闡明洗禮的方法。無論如何，聖靈的洗禮是藉由灌注，而非浸沒。❶

　　我不用舉更多例子來證明，譯者不僅要依據他的理解，來細心翻譯原文確切的意思，更應該要盡可能忠於聖經的字句，因為經文裡面常有他沒注意到的重點，可能被較自由的翻譯方式，給捨棄掉了。我們或許在〈啟示錄〉一章三節犯了這種錯誤，「讀的那一個人和聽的那些人」被譯為「讀和聽的任何人」，不過「讀的那一個人」可能是指在教會負責宣讀聖經的人，「聽的那些人」是指會眾。但是，也有些例外，如太常使用「ê」這個字，卻沒有在其後加上「人」，這樣，無疑的，有時會更容易讀出來。但是，為了不過度的限制它的意思，且允許擴充其意，──必要的話，擴及「人」以外，也是當然的。例如，要翻譯〈彼得前書〉三章十八至二十節的困難經文 ❷，就必須這樣做，才能指涉〈創世記〉六章一至四節與《以諾書》的「上帝的諸子」（它們不盡然是人類），即便譯者本身可能不接受這種解釋。如上所述，我們的目的不是提出確定無疑的譯文，從而排除其他的一切，而是提供能夠做出釋義的經

---

❶ 原註：我寫完這段後，想到一個有趣的例子，在此附記。提到迦百農百夫長的時候，〈馬太福音〉八章十節說「耶穌聽見就奇怪」（台語漢字版），〈路加福音〉七章九節說「耶穌聽見諸個（chiah ê）話，就奇怪伊」。我們的羅馬字版本有將差異之處保留下來，我想並不是因為我們認為這很重要，只是因為我們的原則是忠於原文。七月的《闡釋者》（Expositor）有一篇文章是針對此主題，作者用兩頁的篇幅，探討路加用和馬太一樣的動詞，但是加上人稱代名詞的重要性；他所做的，不是我們所關注的重點。在我查閱的六本中文聖經當中，只有一本將不同的地方保留下來。我們之前的白話文版本則調換了語詞順序。

❷ 〈彼得前書〉三章十八至二十節：因為基督也一擺為著罪受苦，義 ê 替不義 ê，是欲導咱到佇上帝。論肉體，就受死；論神，就得活。佇彼個神也曾去傳道理互監內許個神，就是早嘛信趁 ê，當上帝吞 lún 聽候佇挪亞的日、teh 備辦大船的時。入彼內面 ê 人少少，只有八個對水得救。（台語漢字版）

文，無論對或錯，就像能對原文做出釋義那樣。如果做不到這點，我們就按照明智翻譯的原則，插入附註，讓讀者知道有其他的譯文存在。

我們已得到順服忠於聖經字句的獎賞。可以有這份經文來教導學生，取代之前的版本，或是中文聖經，讓我們深感慰藉。我很高興聽到，中國有一兩位學問淵博的牧師，原本（說好聽一點）對於羅馬字漠不關心，現在他們也在使用這個版本，並鼓勵他們的同胞使用。最棒的是，我們有一些基督徒婦女告訴女宣教師，她們讀新版本的時候，從經文中看見了以前讀舊版本時沒有看到的意義與重點。

我也必須指出，直譯雖然沒有意譯那麼流暢好讀，但是不盡然會更難明白。我想，對於一般讀者來說，波恩（Bohn）翻譯的荷馬《伊利亞德》（Iliad），會與波普的詩文版一樣看得懂。我不認為，在稍加練習後，一個流利的白話字讀者，還會覺得很困難。你會注意到，我們謹慎地使用極少數的現代用語，這些用語雖然學者會用，但是一般大眾還不明白。只有少數幾個用語，在杜嘉德博士（Douglas）的字典裡面找不到（或者可能沒有被找到）。你偶爾會在傳道人寫的信件裡面，讀到比《以弗所書》更多的艱澀用語；一期教會公報包含的二十世紀用語，通常就比整卷的新約還要多。

當然，在說了並做了這一切之後，聖經還是有許多地方讓人難以明白。我們的責任，不在於生出「兒童和農夫」能夠立即看懂的版本，要是《希伯來書》的譯文，讓人讀了第一次就能了解，其實要譴責的是誤譯才對。我們所期盼的，就是不要加添不必要的困難，來妨礙細心、虔誠的讀者。拉姆齊院長（Ramsay）跟我們說

過，有一位蘇格蘭老人很傷心，因為他聽到小孫子把經文讀成「邪惡的人和脫離者也會一天比一天壞」。我們也有宣教師遇過那一位英國佈道家，他效果最好的演說，所根據的經文是：「我原是怕你，因為你是『沉默』的人。」❸ 不過，你不能拿這些錯誤來怪罪譯者。

我再說一兩項關於細節的事情。儘管仔細校對過，初版還是有很多印錯的地方，我對此感到抱歉。就我所知，這些錯誤已經改正了，目前在籌備最新的再版，如果有人可以告訴我裡面任何的錯誤，我將會很高興。

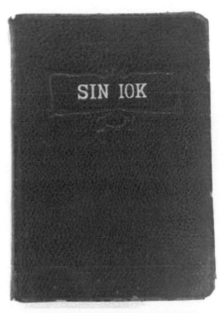

1873 年，馬雅各翻譯的廈門音羅馬字新約聖經出版；1916 年，巴克禮將之重譯出版，本書即是修訂後的 1931 年版，內容以羅馬字寫成的台語口語化版本，稱「白話版」或「巴克禮全羅版」

我們採取的印刷格式，會出現有時難以分節的問題，特別是當要朗讀出來時。規則是，一節經文的開頭，跟在較大的標點符號後面。使用句點而非分號，分號而非逗號。如果情況不是這樣，或者標點符號沒有不同的話，就以更寬的空格標記一節經文的開頭，不過我擔心這道規則沒有徹底執行。我很抱歉，有許多地方第二節的 2 不得不省略，因為章的數字需要空間。

---

❸ 語出〈路加福音〉十九章二十一節。但是，原文「嚴厲的人」（austere man），卻誤植為「沉默的人」（oyster man）。

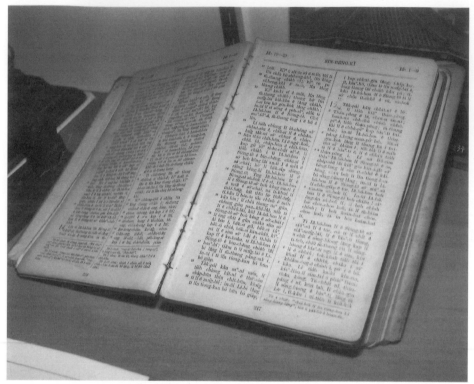

改譯的白話字新舊約聖經（新約 1916 年出版，舊約 1933 年出版）

　　夾在新約首刷五千本裡面的譯註，我希望大家都要讀，內容不在此複述。

　　「tiàm-tī」是有連字號的一個字時，單純用來表示介系詞「在…之中」；若是兩個字，而沒有連字號的時候，也用來表示原文的動詞「住在」、「留在」。「nā-sī」有連字號的時候，意指「但是」；沒有連字號的時候，意指「如果、若是」。我本來想要分別使用「tìn」跟「kā」，來區別「說」的動詞後面接介系詞，或者只有受格，也想要從頭到尾都以同樣的用語翻譯「立即、立刻、

馬上」、「奇蹟、神蹟、奇事」，用以區分這類同義詞。但由於我這個外國人要處理的細節很多，漢人譯者相較之下並不關心這些區別，恐怕實際上沒有按照原定計畫來做。

最後，容我提出兩項建議，因為多年後，我們眼前的版本，將會是教會手中，唯一的白話文版本。

一、我認為，我們可以預期宣教師會仔細檢視這本書，只要他們發現這本書有其價值，就會推薦漢人基督徒用虔誠的心來讀（尤其是用於禮拜）。當宣教師聽到有人抱怨這本書，且乍聽之下似乎有道理的時候，他們有責任去核對原文，或者至少要去查《修訂版聖經》，那麼他們通常可以找到為何譯文看似生硬的理由，他們要向漢人讀者說明，這種翻譯不是出於草率或能力不足，而是真心實意的努力，目的是要嚴格準確地指出，得到默示的作者確切的意思。我毫不懷疑，思慮較周密的讀者在新奇感退去，且習慣了遣詞造句以後，會更欣然接受這個新版本，因為他們在相對陌生的外貌底下，會比從前更清楚地聽見上帝對他們說話的聲音。

二、我想，在我們現有的五個差會當中，至少有一萬或者一萬兩千人，有能力從頭到尾，讀完這本新約聖經，為此我滿心感謝。我希望大家都能努力不懈，確保跟我們教會有關的人，無論老少，只要眼睛看得到的，每個人都要學會讀羅馬字。這當然不是對於學習中文字有偏見，讓我們一起把「人人都要學羅馬字，並讓盡可能多的人學習中文字」當成座右銘。再來（感謝聖經公會提供我們這麼便宜的書籍），我們一定要讓每位讀者手中都有一本新約。最後，讓我們藉著禱告、以身作則、愛與持續的勸誡，引導他們每天以虔誠的心來研讀聖道，以這些研讀聖經、喜愛聖經的人們為根基，將能建

立一個有活力、健康、持續增長的教會，永遠屹立不搖。

多馬·巴克禮

敬上

「《修訂版聖經》[英文]譯者的成果沒有得到響應。對大多數宗教人士來說，譯文過於詳盡。…人們紛紛譴責這些改變同樣瑣碎且令人惱火。…耐心努力多年的成就，似乎注定被憤慨的風暴所湮滅。一般說來，《修訂版聖經》比預期的更成功地經受住風暴。…與辯護者所言相比，學生更能了解它重要的卓越之處。批評者的叫囂大多銷聲匿跡，取而代之的是更加冷靜公正的評價。…人們已經普遍使用新版本。熟悉感緩解了《修訂版聖經》譯文的生硬程度；整體而言，學界已經證實了譯者的解讀。」（《大英百科全書》）

BOOK 2

《從台灣遙寄給男孩女孩的書信》
(1910)

Letters from Far Formosa to Boys and Girls
(Elisabeth A. Turner, 1910)

導讀

黃哲彥
台灣基督長老教會
研發中心主任、牧師

2008年十月，我突然接到張清庚牧師（1930-2011）的信，如下：

哲彥牧師平安：

1980年我以總會議長身分去德國參加會議回程，訪問倫敦，住在當年由彰化基督教醫院退休後回國定居的蘭醫生宅。那時蘭醫生媽（連瑪玉女士，Mrs. Marjorie Landsborough）已96歲高齡。在談話她對我提起巴克禮牧師夫婦長久在台灣宣教，他們沒有後嗣。1908年巴牧師夫婦回國休假，因為佇上海欲印已翻譯之羅馬字台語聖經，巴牧師先離開英國往上海。巴牧師娘（Elisabeth）身體欠安，在英國大手術。首次開刀算是真順利。但隔年二月惡化醫生為她再次開刀。因為有生命之危機，她在生命剩下幾年或幾個月之重病下，因為光陰已不長久決定回台灣，把剩餘的時間用來幫助巴牧師在台之宣教。經由西伯利亞到達中國東北。她抵達瀋陽市時，巴牧師娘身體突發生不良於行，前往上海就醫，不料一週後不省人事。1909年七月十一日蒙主召回天家。

第二天七月十二日（禮拜一）她的遺體安葬在上海外國人墓地，

由G. H. Bondfield牧師主持安葬禮拜。

　　蘭醫生媽吩咐我，因為巴牧師無子孫，盼望台灣、中國間若可自由往來時，台灣人能將巴牧師娘之遺骸接回台灣、埋葬，給台灣人能永遠紀念她。

　　我回台後，數次在重要會議或是個人談話中提起，蘭醫生媽的交代這件事。同時也拜託幾位去中國旅遊的同工關心這事。但結果至今沒人回音。

　　今年日本有一位我的好友松谷好明牧師開始翻譯英文這本《台灣的巴克禮》做日文，介紹巴牧師在台之工作及伊和台灣之關係。

　　十月松谷先生欲去中國，我再次提起蘭醫生媽之吩咐，託他協助關心…雖然不能達成，總之有個結果。（請看！松谷先生給我的信和相片）

　　哲彥，拜託你撰文章提起介紹這件事，投稿在公報（相片），由你或是公報社選擇登載…。

　　我也算是有完成受交代之一件事。

　　拜託！！

　　　　　　　　　　　　　　　　　　　　　　　　　張清庚

我訂十二月二日回日，明年再回來！

平安

　　附：蘭醫生媽於吩咐我之四年後1984年一百歲之高齡來離別世間。

* 不知公報是否願意登出，若登出請你寄二份給我，一份要給松谷先生。

松谷好明牧師寫給張清庚牧師的信

2008.10.4

致張清庚先生：

　　前天在電話中很失禮。

　　首先，關於巴克禮夫人的墓地，就如在電話中所說的樣子。文革以前，上海市內有二處的外國人公墓。一處是九江路311號，現在如照片那樣感覺蓋了好像體育館的建築物。另一處是在地鐵靜安寺站附近的靜安公園，那裡一半是中國式的庭園，剩下的一半是綠地的西洋風公園。這個綠地的部分，據說以前就是外國人公墓的所在地。

　　『將生涯奉獻給台灣的多馬・巴克禮』（就像曾說過那樣，標題變更了）已和教文館的渡部滿社長討論過了。就和『黃彰輝傳』那樣屬於不好賣的書，所以將以委託出版的形式處理。我這裡支付一百萬元日幣，預定出五百本。渡部先生的預測書店大概只能賣一百本左右，其餘的部分就得靠自己努力去賣了。對我而言，那是一定要出版的一本書。所以已經開始進入編輯了，預定2009年一至三月可出版。所以同封寄上影印，有做記號的地方要請你協助。若十一月初左右可以知道，非常感謝。

　　為先生夫婦的旅途及在台灣的服事有主豐盛的祝福祈禱。

　　主內

　　這封信，看完後就將這信放著。因為我知道只有這樣的資料，無法成為一則新聞，也不可能刊在《台灣教會公報》裡。直到

2021 年五月，因為搬家整理資料，這封信意外地被我翻出來。於是將這兩封信譯成中文，寄給台灣基督長老教會歷史檔案館主任盧啓明牧師，詢問是否可以有紀念禮拜或什麼形式可以完成蘭醫生媽連瑪玉女士及張清庚牧師的遺願。2021 年七月十一日，《台灣教會公報》以「後人感念巴克禮牧師娘伊莉莎白對台灣宣教貢獻」為題，刊登了這則老蘭醫生媽託張清庚牧師的新聞。從松谷好明牧師給張清庚牧師的信中也知道，想要將伊莉莎白牧師娘的遺骸移回台灣與巴克禮牧師葬在一起，已經是不可能的事了。她會不會被台灣人忘卻呢？或許不會，因為每當提及巴克禮牧師每年生日時都會重簽他的獻身文的故事時，總會說到結婚後，他的牽手也和他一起簽獻身文。

　　如果提到巴克禮牧師（Thomas Barclay, 1849-1935），或許很多人聽過或知道他的事蹟，如創立台灣第一份報紙《台灣府城教會報》、引進第一部印刷機、設立台南神學院、受府城紳士之託讓日軍和平入城……。伊莉莎白就是巴克禮牧師的牽手！我們對她的生平認識其實也不多。只知道她和巴牧師結婚前，是受正規訓練的護理人員，平時熱心於教會服事及主日學教育。1892 年當巴克禮牧師第二次回到英國向英國的教會報告他的事工期間與她結婚，結婚後三個月，她就隨著巴牧師遠渡重洋來到台灣。來到台灣後，就全心全力地協助巴克禮牧師的宣教工作，並以她在台灣的生活見聞寫信給英國的少年，最後集結成為《從台灣遙寄給男孩女孩的書信》（*Letters from Far Formosa to Boys and Girls*）出版。

　　《從台灣遙寄給男孩女孩的書信》就好像伊莉莎白牧師娘一樣，是一本風聞存在，但在英國的大學圖書館或公立圖書館找不

Taiwanfoo, 21st. Nov. 1877 Aged 28. Thomas Barclay.

Taiwanfoo 25th. Decr 1878 Aged 29+ Thomas Barclay.

Taiwanfoo 21st. Nov 1879 Aged 30. Thomas Barclay.

Taiwanfoo 21st. Nov. 1880 (Sab.) Aged 31. Thomas Barclay.

Glasgow, 4th. June. 1882 Aged 32½+ Thomas Barclay.

Glasgow, 21st. Decr. 1882 Aged 33+ Thomas Barclay.

Taiwanfoo 7th April. 1884 Aged 34+ Thomas Barclay.

Amoy, 28th. November 1884 Aged 35+ Thomas Barclay.

Taiwanfoo, 21st. November 1885 Aged 36. Thomas Barclay.

Taiwanfoo, 21st. November, 1886. Aged 37. Thomas Barclay.

Taiwanfoo, 21st. November 1887. Aged 38. Thomas Barclay.

Taiwanfoo, 21st November, 1888 Aged 39 Thomas Barclay.

Taiwanfoo, 8th December, 1889, Aged 40+   Thomas Barclay.

1891-92 Poah bé 22nd November, 1890, Aged 41   Thomas Barclay.
Old House Taiwanfoo 21st November 1893 Aged 44   Thomas Barclay
"   "   "   "   35   Elisabeth. A. Barclay.

Taiwanfoo, 21st November 1894 Aged 45 Thomas Barclay
1895. In Country "   "   "   "   36 Elisabeth. A. Barclay
Taiwanfoo, 21st November 1896 Aged 47 Thomas Barclay
1897 In Country "   "   "   38 Elisabeth A Barclay
Taiwanfu 24th November 1898 " 49+ Thomas Barclay.
"   "   "   40 Elisabeth A Barclay
Glasgow, 21st November 1899 " 50 Thomas Barclay
1900 left Glasgow "   "   "   "   41 Elisabeth. A. Barclay
Taiwan, 21st November 1901 " 52 Thomas Barclay
"   "   "   "   43. Elisabeth A Barclay

巴克禮牧師獻身文，上面有巴克禮牧師夫婦的簽名

到的一本「傳說之書」。那是 1910 年在倫敦自費出版的書。台灣基督長老教會歷史檔案館主任盧啓明牧師在重新檢視 2013 年拍攝的資料照片時，發現了這批書信，盧牧師說：「它們存放在：Overseas Formosa T. Barclay (Overseas Addenda Individuals T. Barclay Letters 20 Boys-Girls Box1 file5 6 pieces) Letter 1-6。微片編號 2035-2036，信件有六封約 40 頁，即是 1910 年小冊的底本。」[1] 這本傳說之書終於讓我們親眼看見了！當然，盧牧師所發現的這六封書信如何在作者過世後出版，是誰出版等問題，又是另一個值得繼續探尋的歷史問題。

　　伊莉莎白・巴克禮牧師娘寫給遠在英國的青少年，向他們介紹她與先生巴克禮牧師宣教之地的風情人文，激勵他們對海外宣教的熱情與關心。這本書也是來台宣教師最早向本國的兒童介紹台灣宣教的第一本書，之後有心繫伊莉莎白牧師娘遺骸回台的蘭醫生媽連瑪玉女士的《美麗島之旅》（*In Beautiful Formosa*, 1922）、《福爾摩沙的故事》（*Stories From Formosa*, 1924）及《福爾摩沙的故事・續集》（*More Stories From Formosa*, 1932）所寫的故事（這三本書已經由前衛出版社以《蘭醫生媽的老台灣故事》為題出版）。《從台灣遙寄給男孩女孩的書信》從第一封信所提到的「十二年前，日本跟中國的戰爭結束以後，台灣被割讓給日本，當作戰爭賠償的一部分」來看，應該是她 1892 年結婚後隨巴克禮牧師來台後十五年的 1907 年開始著手寫這些書信的。換句話說，是她生活在台灣一段時間，累積相當的生活經驗後，才開始著手寫信向英國的青少年介紹台灣。除了第一封信

---

[1] 盧啓明，〈宣教師的另一半：以伊莉莎白・巴克禮為例〉，《女宣》460（2022.7），頁 20-25。

外，其他的信可以說是藉著她生活中所接觸到人們的經驗來介紹台灣的多元的民族——野蠻人（第二封）、友善的野蠻人（第三、四封）及漢人（第五、六封）。由第一封信的開頭來看，這些英國的青少年曾關心巴克禮牧師夫婦在台灣的宣教工作，甚至爲他們奉獻經費。或許這就是伊莉莎白牧師娘寫信的原動力，想要向這些青少年介紹他們關心、奉獻金錢的地方的宣教故事，讓台灣可以更貼近他們的日常。

　　第一封信是總論。伊莉莎白以簡潔的文字將台灣的歷史、地理位置，甚至民族介紹給這些只有英國生活經驗的青少年，讓他們能夠以英國的經驗來理解台灣。伊莉莎白寫這封信的 1907 年，台灣的族群研究才剛開始不久，對原住民族仍然以「番」來稱呼；然而「番」對英國的青少年來說，是陌生且抽象的，因此她以「野蠻人」來稱原住民族。但從她的字裡行間，可以看到這些宣教師對台灣族群的理解——不論是「生番」、「熟番」，「他們屬於同一族」，雖然他們的服裝、語言、習慣、教育完全不同。這也是她介紹給英國的青少年的原因——希望他們關懷這些「野蠻人」的小孩。

　　第二封信可以說是她與「野蠻人」接觸的經驗。按伊莉莎白所說「我大概在十六年前，第一次見到台灣的野蠻人」來看，這封信可能在 1908 年寫的。一開始她的接觸可說是「驚魂記」，在語言不通時，與一群野蠻人相遇的經驗。她也和巴克禮牧師一同進入獵首者的部落，參加一場和解的儀式。那是一次不太好的經驗，因爲嚮導的交涉讓她感到非常不愉快。所以她告訴這些男孩女孩，說：「如果我們願意派宣教師到野蠻人那裡去的話，宣教師必得學習野

蠻人的語言，不要仰賴口譯，因為跟我們一起去的嚮導，很有可能先前就欺騙壓榨過野蠻人。」

第三封信則是到東部縱谷阿美族部落的故事。她也簡單地談到基督教福音如何到達東部石雨傘這個地方，然後說到她們走海路來到卑南（今台東），被浪沖上岸。因為從海路上岸得靠竹筏接駁，蒸汽船無法直接靠岸。因為水災，迫使他們停留在台東一個禮拜，才得以繼續向縱谷前行，並在野外過夜的經驗。那次的縱谷行，他們到了關山（里壠）、富里（石牌）、玉里（觀音山）這幾個有傳道聚點的地方。

第四封信說到他們越過海岸山脈，從觀音山走到石雨傘部落的故事。這是伊莉莎白第一次在「野蠻人」的部落過夜，可能就住在集會所（sfi）。當天晚上，巴牧師向他們傳講耶穌的故事。她在這些阿美族的部落中感到安全。因為依照他們過去的經驗，得先將行李收拾好，才能外出。但日本警察的妻子卻告訴她：「這些人不會碰你們的東西。」伊莉莎白也在部落的兒童中看到原住民分享的精神，甚至連手上僅有的，也分享給手上是空的人。對伊莉莎白來說，這是一趟愉快的旅程。但她也提醒讀書信的男孩女孩「為他們禱告」。

第五封信則介紹幾位她遇到的，已經過世的漢人基督徒。寫這封信時，應該在她回英國治病的 1908-1909 年左右了。第一位是得仔，在父親吸鴉片並賣小孩的家庭長大，還好母親是熱心的基督徒。母親過世前，希望得仔可以找到被賣的弟弟，拯救他的靈魂。得仔終身未婚，專心照顧學校裡生病的學生，直到她生病過世。第二位是 Teng-it，一心求學的男孩，生病時仍帶領父母信

主。過世時，父親打破漢人的禁忌，跟著到基督教公墓送葬。第三位是旺仔，因為工作受傷，卻心存感恩，帶人來信主。第四位是Chiok-a，因傷寒而必須隔離，由伊莉莎白照護的女孩，卻勇敢地面對自己的死亡。

第六封信介紹幾位信徒，其中談到 1895 年台南士紳請巴克禮牧師代表去與乃木將軍交涉的故事。首先是盲仔，一位差一點就被母親親手掐死的盲眼女孩，被安彼得醫生娘救回、養大，並學習點字、編織，最後成家。寫盲仔的故事，我想是要告訴遠在英國的男孩女孩，在台灣對身障者存有很大的歧視。伊莉莎白談到第二位是因為不背金句而被毒打的男孩，談到台灣社會裡普遍存在的填鴨式教育與父母權威的存在。當然她也提起一位被信任的婦女 Sam-chim 的故事，來說明基督徒的溫柔與被信任及台灣人心靈的需求。最後，她介紹一位堅忍信仰的人祿兄的故事，並談起在信任中受託見乃木將軍，讓日本軍無流血入府城的故事。

《從台灣遙寄給男孩女孩的書信》到此為止，因為伊莉莎白受到腦疾所苦。在 1909 年二月第二次接受開刀後，知道自己所剩時間不多，關心巴克禮牧師在上海印白話字聖經的事工，因而從英國出發，經西伯利亞，要去上海與巴牧師會合。卻在瀋陽時突然癱瘓，無法行走，經送往上海治療，卻於 1909 年七月十一日在上海的醫院過世，並葬於上海的外國人公墓。

蘭醫生媽的遺願，因上海外國人公墓的移除，好像不可能達成了。

張清庚牧師 2008 年交代的事情，好像無法履行了。

但上帝的恩典卻讓人意想不到的奇妙，伊莉莎白的《從台灣

遙寄給男孩女孩的書信》底本的
六封信的發現、翻譯、出版，好
像用另一種形式帶伊莉莎白回到
她心繫的台灣了。讓我們可以在
閱讀中，思念這位爲台灣付出生
命、愛台灣的宣教師伊莉莎白‧
巴克禮。

伊莉莎白牧師娘

第一封信

風土民情[1]

親愛的男孩女孩：

　　我想告訴你們一些故事，是關於你們特別的宣教地方，──福爾摩沙島，英國長老教會兒童部（Children of the Presbyterian Church of England）籌募的奉獻，就是送到這裡。

　　你們打開地圖集，翻到中國跟日本的地圖，會在中國東南沿岸的附近，找到福爾摩沙，在福爾摩沙與中國之間，隔著世界上最波濤洶湧的海域。這座島，中文名字叫台灣，大約三百年前，葡萄牙水手第一次看見它的時候，稱之為福爾摩沙（「美麗島」）。這座島的土地，有威爾斯的兩倍大，有稻田、高大的棕櫚樹、甘蔗、茶樹，在高山上有樟樹林，非常美麗。在東北角海岸，有全世界最高的斷崖（2,100 公尺），垂直向下延伸到海。福爾摩沙每年有超過一半的時間真的非常炎熱，夏天的時候，讓人感覺是間大型的蒸氣浴室。

　　這裡常有地震和可怕的暴風雨。1906 年，位於這座島中部的嘉義市（你們在這裡有一間教會），幾乎被大地震摧毀，有好多好多人死傷、無家可歸。在一場巨大的暴風雨中，安彼得醫生（他也是你們的宣教師）的家直接被吹倒。

　　這裡的人用水牛（一種牛）犁田，不像英國是用馬。你們在鄉下

---

[1]　除第三封信外，其餘信件的標題皆為編者所加。

不用走多遠，就會遇到這些動物，也會見到很多豬。在漢人家庭裡，父母、小孩、母雞和豬，和諧同居。即使豬染疫而死，漢人也會吃，所以疾病散播得很快。

　　台灣跟其他炎熱的國家一樣，昆蟲很多。這裡有會發出嗡嗡聲音的蚊子，以人血為食，常造成疾病在人與人之間傳播，所以我們希望，島上的蚊子全數被消滅。這裡也有白蟻，會從地上爬進桌椅或鋼琴的腳，從看不見的內部，一點一點吃到桌椅翻倒為止。

　　再來要向你們介紹台灣的孩子。台灣的巴克禮牧師娘說：「就我們所知，大約在三百年前，這座島的孩子屬於同一族。不過，他們跟蘇格蘭的人一樣，有些住在高山，有些住在丘陵跟平原，他們也跟很久以前的蘇格蘭人一樣，相互厭惡。他們分成許多氏族，講不同的方言。當時有一些荷蘭的宣教師和商人，前來定居在台灣，跟平原的人住在一起，教他們讀寫，也教他們認識獨一真神。許多年前，有個名叫國姓爺的海盜頭子，被趕出了中國沿岸，就率領艦隊橫渡台灣海峽，攻擊無助的島民，殺死或趕走所有荷蘭人。漸漸地，越來越多的漢人從大陸過來，這些漢人想要得到農田，逼迫住在平原的居民搬到更內陸的丘陵，而高山族又被這些內遷的居民日漸驅趕到更高的深山。你們打開台灣的地圖，就會看到島上聳立著南北走向的綿長山脈，丘陵跟平原位在西邊，介於山脈跟海水之間。想想看這三個種族：漢人在平原；平埔族在丘陵，他們被漢人從平原的農地趕到高山的邊緣；遠處是獵人頭的野蠻人，他們居住的高山，最高點將近一萬四千英尺，是大不列顛最高峰的三倍以上。隨著歲月流逝，夾在漢人與高山族之間的平埔族，日子過得很艱苦。他們的語言和服裝逐漸漢化，卻不被當成漢人。儘管他們是

愛好和平的農民，漢人仍然叫他們『平埔番』。

住在高山的人被稱爲『野蠻人』，而他們確實是野蠻人，有些——並非全部，——還會獵人頭。氏族之間彼此爭鬥，他們有時會下到丘陵或平原，攻擊偏僻的村莊，或砍下小牧童，與夜間趕路的旅人的頭顱。他們屬於同一族；不過我要你們明白，他們在服裝、語言、習慣、教育等方面，跟平埔番差異很大。『平埔番』這種稱呼令人遺憾，因爲有些平埔番，現在就是我們的醫生、教師、學生。我們第一位本地牧師是平埔番。[2] 我們台南的牧師娘也是平埔番，她是了不起的牧師娘，受過良好的教育，也很熱心。她的丈夫是漢人，也受過良好的教育，他們擁有理想的家庭。這些平埔番，跟可憐的野蠻人流著一樣的血液，不過他們的外表跟漢人一樣，也有相同的權利。直到十二年前，漢人都還佔據統治地位，我們認爲整體來說，漢人更強大可靠；不過，我喜歡去平埔番村莊，他們總是親切誠摯地迎接客人。

這裡的漢人跟對岸大陸的漢人一樣，不過人們一向認爲，相對於對岸的中國人，台灣人對外國人比較沒有敵意。如你們所知，十二年前，日本跟中國的戰爭結束以後，台灣被割讓給日本，當作戰爭賠償的一部分。近年來，日本人湧入這座島，許多人攜家帶眷，在此定居。

現在你們會認識必須關懷的孩子，首先是山上的小野蠻人，他興高采烈地跳躍，或許是因爲父親，或大哥帶回敵人的首級，從掛

---

[2] 潘明珠牧師（1864-1899），字光輝，平埔族，台灣嘉義岩前人。1898年四月二日封牧師，爲台灣人的首位牧師。1899年十月十六日，南部秋季大會會議記錄有其小傳。（《南部大會議事錄（一）》（1896-1913），p.92）《使信月刊》有他的全家福照片。（《使信全覽》，Vol. 37，1899.12，p.331）

在腰間的袋子拿出來，——用部落婦女爲此編織的一小塊布包著。小野蠻人的兄弟姐妹住在丘陵，他們在我們的學校的表現，顯示他們會成爲優秀的大人。聰明伶俐的漢人男孩女孩，住在平原的農村跟城鎮，他們只要得到機會，頭腦絕不輸給任何小孩。第四種是可愛的日本小女孩跟她的士兵或水手弟弟；十分引人注目的是，雖然小女孩還穿著日本服裝，但男孩通常穿著士兵或水手的制服，而他的玩具是一把槍，——幾年後我們才知道，這不是玩具。你們要如何關懷這些孩子呢？當我們全都聚在上帝的寶座前面時，如果有人對你說：『是你爲我打開了天堂的門』，不是很棒嗎？」

（巴克禮牧師娘會在下一封信，告訴你們她見到的野蠻人小孩）

獵首者

親愛的男孩女孩：

　　我大概在十六年前，第一次見到台灣的野蠻人。當時，我剛到這座島沒多久，還不會講漢語。白蟻忙著摧毀巴克禮牧師的房子，因此有些工人拆掉房子的一邊，而我們住在另一邊。這棟房子有四個相鄰的房間，前面有長長的走廊。我獨自待在我們房間的那邊，聽見重重的腳步聲跟說話的聲音，然後有一群你們見過最怪異的人，沿著走廊走了過來。男人穿著側邊開叉的棉質短裙，與各種款式顏色的棉織背心，頭飾有羽毛、動物的角、貝殼、刀、葉子和銀針，腰間佩刀，整體而言，其貌不揚。女人穿著棉質長裙、棉質短背心和一種圍裙。我記得很清楚，有個從未見過英國女子的村婦，跟鄰居講起我：「哇，她穿得跟野蠻人女子一樣耶！」她其實沒有錯得很離譜：我穿的是深藍色緊身棉裙，同款的伊頓式（Eton）短外套，上面幾乎都是紅色，還有一圈大片的綠葉，野蠻人女子的服裝就是長這樣。

　　我一下子就被這群奇怪的人圍住，漢人通譯用我當時還不懂的語言，對著我滔滔說得不絕。我看見漢人工人從另一邊走過來，饒富興味地看著我，讓我頓時鬆了一口氣。我順利脫身後，從家裡拿出別針、縫衣針跟一些葡萄乾，送給每位客人一點禮物。他們收到禮物好高興，就在我小小的客廳蹲成一圈，拿出雕花的長煙斗，準備吞雲吐霧，可能是我的表情相當驚愕，所以工人看我可憐，就堅

持要他們移駕到走廊去。巴克禮牧師很快就回來了，他透過口譯，跟他們聊一會兒，我們的客人就離開了，不過他們晚上帶了更多人過來。這發生在日本取得台灣之前，當時野蠻人不時會自己下山，用熊皮和山產（例如藤、蓪草），跟中間人交換他們珍視的鮮豔布匹，以及他們最需要的食鹽。

　　過了一陣子，我們去訪視位於山腳的基督教會。這裡有野蠻人的小聚落，他們跟另一個部落不和，由於沒有足夠的力量保護自己，所以為了安全，就離開山上，住在村莊的外圍。孩子們會來我們的房間，乞求我們給點甚麼東西。我花了一點時間哄勸他們，終於讓他們站著給人照相。幾年以後，我們在這個村莊，用幻燈片展示這些照片時，卻傷心地聽到照片上的三個人，被其他的野蠻人殺了。有一位可憐的男子聽到我有藥（巴克禮牧師娘是專業護士），就來跟我拿藥，他為了表示感激，又帶著一把小米回來。小米是類似燕麥的穀物，是他們的主食。他顯然快要死於肺結核了；我看著這位可憐的人，無助地講出那一位所說的「到我這裡來，我要使你得安息」，心裡很難受。

　　我應該是在這件事情之後的夏天，第一次也是唯一一次，拜訪獵首者的村莊。巴克禮牧師跟我加入一群漢人的行列，他們要代表另一個部落，上山提議和解，送上布匹做為和解禮物。我們也得準備禮物，我記得有火柴在內。小路從平原陡直往上，我們不久就遇到一小群野蠻人。他們停下來，我們也停下來。他們從我們幾位同伴運來的大陶器裡面，舀了一杯烈酒，鄭重地喝下。儘管我們非常不贊同這件事，也沒有辦法阻止，因為我們以為酒是另一方帶來的。唉呀！後來付帳時，才發現酒是用我們的錢買單！我第一次拜

訪野蠻人的旅程，有令人難過的開頭，不是嗎？跟其他地方一樣，酒對他們來說，是可怕的禍根，他們飲酒後會失控，他們最近幾起招致嚴懲的暴行，起因就是日本人用酒當作工作的犒賞。小路沿著山坡進入深山，我們來到位在磐石尖端的小村莊，小路掌控在他們手中。我們穿過石門，面對著一座巨像，那是在一大塊木頭的兩面刻上相同的圖樣。巨像立在綠色小丘上，部落耆老圍在旁邊，或坐或站，當中許多人肩上垂掛著紅布。巨像前面有一塊木頭，我們得知這是頭目做出裁決的審判座。這裡沒有偶像，野蠻人不拜偶像。唉！取代宗教地位的，是獵人頭的可怕習俗。人頭在小屋子裡，恐怖地排成數列，或是排成馬蹄圓形，我很慶幸他們沒有帶我去看這個房間。我們立即受邀到頭目家裡。他的妻子是少女，顯然是穿著皇家服飾，有漢人布料做的裙子，非常高貴。有些少女真的很美，可是她們在外辛苦工作，所以很快就變得又老又醜。我們遇到可憐的婦女，她們帶著貧乏的芋頭收成，在陡峭的山坡上跋涉。這裡跟多數野蠻人國家一樣，由女人負責大部分的工作。有些老婦人成為氏族的女先知。我們上山的那天，女先知說鳥兒的叫聲不吉利，所以和解代表必須把禮物帶回去。我們在一個大房間接受招待，屋頂跟地面都是石板。他們端上裝在碗裡的小米粥，附上木湯匙，也給我們小凳子坐；我們彷彿身在故鄉的高地廚房。

　　讓人無法放心的嚮導，把我們這趟旅程弄得一團糟。我想買一點珍品，只拿到頭目髒兮兮的棉質短裙和背心，他卻穿著我付了十六先令的新衣服昂首闊步！這趟旅程沒有讓我留下愉快的回憶，氣氛並不友善。我們最後要離開時，沒走多遠，頭目和他兄弟就跟過來要錢。他們要是說，跟我們一起去，又吃了大餐的人，連一分

錢都沒有給他們，那才合理。我們不懂他們的語言，覺得好無助，如果我們願意派宣教師到野蠻人那裡去的話，宣教師必得學習野蠻人的語言，不要仰賴口譯，因為跟我們一起去的嚮導，很有可能先前就欺騙壓榨過野蠻人。一點點小錢就讓他們滿意了。我們排成一直線沿著山坡走，直到看見正在接近的山崖上有幾支矛，才停下腳步。矛的主人坐在路的兩邊，我們通過的時候，沒有微笑問候，我的心跳得飛快。抵達平原的時候，我好高興，可是我從來沒有忘記遠處那座小村莊的景象，還有眼睛黝黑明亮的男孩女孩。每當我抬頭望向遙遠的藍色高山，我就想到這些孩子，跟愁眉苦臉的婦女，祈求他們很快就會聽見，耶穌愛他們，甚至為他們而死的福音。我們去拜訪後不久，這個氏族又突襲了山腳的村莊。

　　我們另一次拜訪野蠻人領域，不過是幾年前的事情，當時我們要去正好位在交界的教會，距離我們家有三天的路程。這條路，是日本人取得這座島以後蓋的，每隔一段距離就有警察駐在所。我們經過的時候，被告知一切平安，我們抵達村莊時，天色已晚。隔天早上，有人指著遠方野蠻人聚落的屋頂給我們看，日本人正在那邊蓋一棟小房子。雖然我們有一群基督徒要去幫忙蓋房子，可是我們不准上山。我還記得，我們一起在看得見小屋的圓丘上祈禱，希望黎明趕快為他們露出真正的曙光。我們剛回到台南的家，就聽到這些野蠻人發生嚴重暴動，許多人喪命。後來我們才知道原因。日本人在房子完工後，用酒來犒賞他們的辛勞，他們喝酒後就發狂了，警察同樣喝了酒，對他們恣意而為，他們就攻擊並殺掉警察。

　　這類事件不只是失去幾條性命，犯錯的人受到懲罰而已，這導致警察單位封鎖山腳周圍原本的警戒線，禁止往來平地，切斷野蠻

人的食鹽來源，造成他們嚴重的匱乏。事情不只是這樣而已，有些
地方的野蠻人遭到屠殺，日本人也一度公開表示，除了殲滅之外，
別無他法。要記得，他們從來沒有得到機會。有一位日本政治家曾
說，還有一條路，那就是提供他們宗教。我們總是把這些可憐的野
蠻人放在心上，他們如果沒有受到教導，就會被獵殺。懇求上帝為
他們開門，也為我們開門，讓我們變得順服。他們必須得到機會才
行。耶穌說：「你們要到世界各地去。」一千九百年後，這些男
女、小孩，像害蟲一樣遭人射殺，因為還沒有人告訴他們，十字架
教導我們要彼此相愛的故事。

　　以上是台灣獵首者的故事。不過，你們不要以為野蠻人全都獵
人頭。我們曾經在東部旅行好幾天，一路只有野蠻人作陪。我們也
在他們的村莊過夜，一點也不害怕，因為他們不獵人頭。只要我們
有人力跟金錢，就可以立刻開始向他們宣教。下一封信會講跟他們
一起過夜的故事。

伊莉莎白·巴克禮

第三封信

阿美族（發音是A-Mees）（一）

親愛的男孩女孩：

　　上一封信，我答應要講我們去台灣東部，在比較友善的野蠻人阿美族當中，度過幾天的故事。四十多年前，西部有些平埔族人，被漢人跟高山野蠻人前後包圍，田地全被奪走，這一大群人便下定決心穿過獵首者的領土，走了五天到達東部，期待那裡不會有討厭的漢人。他們下山時，見到肥沃的長長山谷，在山谷跟海洋之間還有另一道山脈。他們定居在這座山谷，生活繁榮昌盛。過了一段時間以後，有些人越過第二道山脈，發現是海岸地帶，只有少數土地可以種植，因為高山大多直接延伸入海。不過，他們留在那裡，建立聚落，其中包括名叫石雨傘（Chio-haw-soa）的小村莊，我們目前在這裡有一間教會。

　　此時，他們留在西部的朋友，已聽聞並接受耶穌的福音，這是由英國長老教會的朋友，透過馬雅各醫生傳給他們的。馬雅各醫生目前仍住在英格蘭，是第一位到台灣的宣教師。到東部傳福音的人，不是搭戎克船繞過南岬（South Cape），就是翻山越嶺前往。過了一段時間以後，宣教師聽聞東部有基督徒想要受洗，巴克禮牧師就率先到他們那裡去。他搭乘戎克船，花了一個禮拜才到那邊，抵達小村莊石雨傘，這裡有一塊大岩石，長得像巨大的蕈菇或雨傘，因此得名。他用了一個禮拜來教導、施洗，然後翻越山嶺，經過一兩個友善的野蠻人村莊，進入內陸的縱谷，在此遇到一些基督教村

莊。當地居民確實一無所知，可是願意學習。縱谷長約一百英里，出海口是北邊的花蓮港跟南邊的卑南。縱谷非常狹長，西邊的高山充滿獵人頭的野蠻人，宣教師不會講他們的語言。東邊的高山，介於縱谷跟海洋之間，一樣充滿野蠻人，不過他們不獵人頭，我要講的就是他們的故事。

你們要記住這些東部村莊的位置，我確定你們再過不久，就會聽到更多關於他們的事情。

巴克禮牧師第二次前往東部，是在我抵達台灣之前，這次他是走陸路，穿過獵首者的領土，而不是走海路。無論誰要走這條路，漢人都會派武裝守衛隨行。幾年後，宋忠堅牧師就是在這裡，因為走在其他人的前面，胸口中了彈，他的傷口不嚴重，可是跌倒了，要不是他的朋友及時出現，他的頭就不見了。日本在 1895 年取得台灣以後，英國女子才獲准前往東部。巴克禮牧師提議要帶我去，其他人認為這樣很危險。我想確實如此，可是我覺得萬一他的頭不見了，只剩下我的頭也沒有用，所以我想承擔相同的風險。我們搭日本蒸汽船，繞過南岬，抵達卑南，確切來說，是令人看不見的海浪把我們沖上岸，纏足的漢人婦女則是被拋上岸。這種上岸方式是東部的特色。有時海浪太大，小船無法靠近蒸汽船，我們聽說有旅客待在船上繞了這座島兩圈，過了一個月才成功上岸。岸邊站滿一群怪異的人，男男女女其貌不揚，卻別具一格。他們穿著各種衣服，有些人沒穿衣服。牛車在一旁，等著載運蒸汽船的貨物。我們被帶到一位友善的漢商的商店。那個房間很大，可是幾乎塞滿山上的藤或藤莖、蓮草（也是山產）、一包一包的煙草、野生動物的獸皮等等。野蠻人帶這些物品下來，換取布匹、飾品跟更珍貴的食鹽。

唯一的光線從門口照進來，漢人、原住民、野蠻人渴望熱切的臉龐，一下子就遮住了光線，他們陸續走進房間。

　　水災使我們上不了山谷，海路也不通，因為暴風雨使船隻無法穿過河口。我們在這個房間住了一個禮拜。巴克禮牧師從我們的箱子取出繩子，做成網子，固定在大開的門上，讓我們有陽光跟空氣，「我們的朋友」，也能夠開心地隔著繩條盯著看，像是在看籠子裡面的兩隻猴子。我用簾子把角落的床隔起來。巴克禮牧師用台語對聽得懂的人說話，我們每天晚上解開繩子，邀請他們進來用台語敬拜。一直有不少人來要奎寧等等的藥品，因為他們這裡沒有醫生。我們心裡很沉重，有這麼多人沒聽過耶穌愛人的古老故事，又沒有辦法向他們傳福音。我們依然期盼也祈求，能看見一位宣教師跟一位宣教醫生，在卑南這個小鎮學習野蠻人的語言，這裡是日本人建立的重要商業中心。英國長老教會的孩子，你們願意一起為這件事禱告嗎？

　　我們最後是坐牛車上去山谷的。這種交通工具的木輪，又大又硬，沒有彈簧，坐在上面的感覺難以言喻，我們都盡量用走的。不過，路是在河床上面，有時在這邊，有時在另一邊，常得穿過河床。我們聽到要停下來吃晚餐，非常高興，就去撿柴生火。我們的黃銅平底鍋，形狀跟碗一樣，用炎熱的沙子磨亮；我們跟當地人同伴一樣，隨身攜帶廚具，也使用同一種。我們很快就煮好一頓舒適的野餐，加上一杯咖啡，確實很享受。有幾群野蠻人走過來，盯著看這古怪的景象，然後又走開。我們在牛可以吃草的地方，紮營過夜，點起大大的營火。月光燦爛，我漫步往下走到附近的河邊，心想這裡多麼美麗平靜啊！我要是知道自己在做什麼，就不會一個人

去了：我們在河的這一邊，並不安全，野蠻人習慣長途跋涉，埋伏
等待形單影隻的人出現，然後衝出來殺了對方，獵人頭以示勇猛。
我們聽見他們在上面的高山叫嚷，偶爾傳來槍響。不過我們的朋友
說，他們是在獵山豬，不會給我們添麻煩。營火燒得很旺，有人看
守著。巴克禮牧師老是說，我在牛車上鋪床時，堅持要把腳而非頭
朝著山那一邊。萬一他們悄悄靠近的話，失去腳總比失去頭要來得
好！東部之旅有其危險性，這是沒辦法掩蓋的事實。1908 年，文
安姑娘和朱約安姑娘，從東部安然返回，我們就非常高興。住在這
座山谷的年輕傳道娘，曾是她們女子學校的學生，所以她們覺得必
須去艱困的禾場給予鼓勵。她們在不同的村莊，花了好幾個禮拜，
教導婦女閱讀，指引年輕傳道娘的事工。她們回來的時候，跟我們
一樣，滿心渴望這些可憐的獵首者能夠得到機會。

　　我不想多說這些基督徒的事情，有些令人非常傷心，因為有些
人又回去拜偶像。我們去看一位可憐的婦人，在我們進去的時候，
她的女兒就起身離開。她對我們說，她有一個孩子幾年前生了病，
鄰居說：「這是因為妳觸怒了神明」，那個女孩後來過世了。另一
個孩子也生病過世了，朋友勸她回去拜偶像，她仍不肯。第三個孩
子也生病了，就是我們剛剛見到的少女，她哭著求母親去找神明拿
藥。她最後去了，女兒就痊癒了。道士懂一點藥，可是只奉神明之
名給他們藥。我們還聽過神明開的處方是奎寧呢！禾場的這處如果
有醫生，會是多大的祝福哪！

　　我們在里壠（Li-lang）、石牌（Chio-pai）、觀音山（Koan-im-soa）這
三個教會各待一個主日之後，準備翻山越嶺到海邊的石雨傘，有些
基督徒來護送我們。我們在這趟旅程當中，遇到友善的野蠻人阿美

族，我有答應你們要講他們的故事，不過這封信已經比我想的還要長了。我很快就會寄出下一封信，會講跟阿美族一起過夜的故事。

你們的朋友

伊莉莎白·巴克禮

阿美族（二）

親愛的男孩女孩：

　　上一封信的最後，寫到我們離開縱谷的教會，要翻山越嶺到海邊的小教會石雨傘，我有答應要講我們越過高山的旅程。有些友善的野蠻人阿美族是轎夫，Ami 是法語的「朋友」，不是嗎？你們可以用這個方法來記他們的名字。他們不想過來，因為正逢種植小米的季節，這是他們分別爲聖的時間。漢人以稻米爲食，野蠻人則是吃小米，你們有人曾經用小米餵鳥，知道這是什麼。他們最後同意過來，開始製作我們的轎子。他們劈開竹子，編排成小墊子，兩端放上折彎的竹子，呈倒 V 形。我們坐在墊子上，竿子穿過折彎的竹子，橫越我們的雙腿，兩位野蠻人抬起竿了，放在肩上，我們就懸在空中，把腳放在前面懸吊的圓棍上。我們用這種不致於過度奢華的方式，旅行數日。轎夫只帶了不起眼的一大塊小米糕裹腹。有一位親切的基督徒婦女，堅持用她剛做好的頭巾綁住我來擋風，另一個人給我一大包熱呼呼的花生。頭巾讓我急需支撐的背有得靠，花生則成爲我跟轎夫之間友善溝通的工具。我吃花生的時候，看到向後朝我伸出的大手，我就立刻放上一把花生。後面的人伸手，我也立刻放上一把花生。我們就這樣一來一往，直到花生吃完。太陽西下，我們抵達我生平第一次過夜的野蠻人村莊。轎夫理所當然地，把我們抬到成人會所❶，也就是旅人歇息的地方。這棟大型竹

❶ Palakan（卑南語，裝農具的竹簍），現爲 palakuwan 卑南族集會所。

製建物位於村莊外面，但在他們圍起來守衛的範圍裡面。棚子的三面有寬大的竹製睡架，也可以說那是床，他們叫我們自己選要睡的地方。那裡有一罐清水，房間的中央有木頭在熊熊燃燒。火的周圍有四塊正方形的大木頭，我們發現可以坐在上面，在發出光熱的一隅，方便地用水壺燒水、煮晚餐。我們很滿意要睡的地方，正準備要過夜時，聽見人聲跟腳步聲接近。我這才知道，那些部落禁止十二歲以上的男孩、未婚男子跟鰥夫睡在村裡；所以這間成人會所，白天是老人的工作室，晚上其實是未婚男子睡覺的地方。不過，這裡也免費開放給旅人，我們是受到歡迎的。我最初嚇了一跳，接著有一群男人湧入，圍著火坐在木頭上面。少年拿發光的木炭，點起老人的煙斗，所有人都靜靜看著我們。我們身旁有基督徒作伴，要是我們會講野蠻人的語言，就可以圍在火光旁邊，第一次講福音的故事，給這些男人和男孩聽，該是多麼美好的夜晚哪！那群會眾仍在等待，還沒有人傳福音給他們，或許聽到這封信的某個人，會成為第一位前往的人。我們覺得透過那些阿美族人，終究能夠將福音傳給獵首者。我們在他們當中很安全，每到一個村莊，都像這樣從圍在柴火旁邊開始，要是我們有宣教師就好了。我們吟唱聖詩；基督徒朋友告訴我們涂為霖牧師拜訪這些村莊的事情。涂為霖牧師在 1894 年過世，不過當初陪他一起旅行的人還記得他。我們天亮不久就離開，不過野蠻人全都早我們一步。我永遠不會忘記，那天清晨的高山有多麼美麗。由於正逢他們的神聖時期，所以他們不願意在我們旁邊站久一點，能拍到的照片不多。他們平常相當友善，有一位老婦人看見我在用織補針，就跟我要，為了答謝我，她在我面前跳起類似高地里爾舞（Highland Reel）的舞蹈。我記

得當時看到一幅美景。有一位小野蠻人，在享用美味熱呼呼的一大塊山藥或地瓜，比他更小的一群孩子過來，伸出急切的小手，他剝了一塊又一塊給他們，只剩下一小塊，卻還有一隻小手是空的，他只猶豫了一下子，就把最後一塊也給出去了。我想這一定是部落的習俗，因為我有天早上看到一位男子也是這樣。約有十幾位另一個村莊的男子，在成人會所過夜，而東部隨處可見的待客之道是，為他們準備早餐。有人從村裡拿來十幾個，或者更多的大塊小米糕，長約三英尺的大淺盤上放著半熟的鹿肉塊。我躺在附近的簾子後面，看見這位年輕人無比細心地分成十二份。他們按照年紀一一進來，選了自己的那一份。唉呀，又多了一個人進來。年輕人把自己的那一份給他，只留下很小的一塊給自己。他們看起來和藹可親，相處愉快。我記得有一晚，巴克禮牧師在外頭展示幻燈片給他們看，我正要把各種物品收好再去找他，但日本警察的妻子對我說：「妳不用收，這些人不會碰你們的東西」，而他們確實如此。我們有一個禮拜天，待在其中一個村莊，在只有我們兩個人的時候，我們往下走到海邊，一群野蠻人男孩跟在我們後面。他們圍在我們旁邊蹲下來，明亮的眼睛凝視我們，彼此之間聊個不停，下一刻，他們就跟海豚一樣在海裡飛躍。那天，他們從各方面的習性看起來，真的就像快樂的小動物，但是我們不能忘記，他們也有不朽的靈魂。日本人為這些沿海村莊的孩子開設學校，不過我們從一位老師那邊聽到，要讓他們去上課並不容易。我們能滿意他們只學會讀寫嗎？他們難道不是跟我們一樣，有權知道耶穌為他們而死嗎？我想我有跟你們說過，我們第一位本地牧師，跟這些東部的孩子是同一族，只不過他是我第一封信提到的平埔族，懂得漢語，於是從宣教

師那邊聽到了福音。

　　我再描繪一幅景象就好。我們最後一天的旅程，要沿著海岸到卑南，準備在那裡搭蒸汽船回台南，這趟路又長又累，看到小鎮燈火的時候，已經快天黑了。我忘了我們跟小鎮中間，還隔了一條河，我們走到河邊的時候，河水看起來闇黑湍急。我們的轎夫全是野蠻人，他們似乎也覺得水流急速，不過他們抓緊彼此，涉進河裡看水有多深。對比較矮的轎夫來說，水深及肩，他們被留在河的另一邊，有六個人回頭來接我。他們教我如何端坐在墊子上，然後他們把整個轎子高舉過頭，抬我過河。我也被留在河的另一邊，等他們回去接巴克禮牧師。

　　我們一下子就到達小鎮卑南，過去兩天親切陪伴我們的轎夫，一領到薪水就消失在夜裡。我到今天都還記得那種傷心的感覺，甚至沒時間對他們說句好話。當時正逢他們分別為聖的時間，所以他們不收禮物，我們連送小禮物讓心裡好過一點的機會都沒有。

　　這是我們在野蠻人當中度過幾天的故事，有人可能會說，我把他們描繪得太美好了，拜訪他們真的很有意思，但是住在他們當中，或許就沒那麼愜意了。如果有男孩或者女孩在想：「喔！去那邊，讓他們知道耶穌的事情一定很棒！」要記得，唯有耶穌在你們心中的愛，能讓你們去幫助他們。「基督的愛支配著我們」，他們跟我們一樣，有權知道祂為他們付出生命，而祂如今活著，要歡迎他們到未曾聽聞的天堂。英國長老教會的男孩女孩，台灣是你們特別關懷的地方，這些野蠻人以非常特別的方式，住在你們心裡。此刻為他們禱告吧！求上帝為他們開路，讓他們聽見恩典的福音。

　　　　　　　　　　　　伊莉莎白·巴克禮

第五封信

四位已逝朋友的故事

親愛的男孩女孩：

　　我之前在信中講到台灣的獵頭者，還有友善的野蠻人阿美族。現在我要告訴你們漢人的故事，我會試著讓你們像我一樣，看見他們眞實的模樣。這些男孩女孩有歡喜有悲傷，跟你們沒有兩樣。這封信要講四位朋友的故事，他們已經在天堂了。你們到天堂的時候，他們會感謝你們傳福音給他們。這四個人當中，有兩個女孩跟兩個男孩。我從最早認識的得仔 ❶ 開始講起。

　　我剛到台灣的時候，是宣教師姑娘介紹我們認識的，得仔是她們最疼愛的學生，她不像有些少女那麼漂亮，但是她有典型的漢人外表，她的臉龐後來讓我感受到安歇和慰藉。許多病人也是如此，他們都知道，有她溫柔的雙手照顧眞好。她在家排行老大，母親是熱心的基督徒，卻不幸嫁給抽鴉片的人。這人墮落到賣掉他的次子，拿錢去買令人痛恨的東西。漢人男子若有好幾個女兒，不太會拒絕分一個給其他男人當女兒，因爲在他看來，反正幾年後女兒就會嫁人，屬於另一個家庭。兒子可不同，除非被合法賣掉，不然兒子永遠都屬於父親的家族。賣掉兒子的男人，乃是墮落至極，鴉片把人害成這樣。這個母親心都碎了。她後來知道自己將不久於人

---

❶ 得仔 Tit-a，龔得，又稱龔老得（Keng Lau tit），1904 年七月二十二日去世，享年三十二歲。龔老得屬台南教會（今太平境馬雅各紀念教會），在長老教女學擔任教員十多年，得到宣教師的器重和學生的愛戴，後因肺炎身故。

世，就叫女兒來，要她答應長大以後，會努力找到被賣掉的弟弟，講耶穌的事情給他聽。母親在過世之前，北上到女子學校所在的台南，在學校教書的姑娘是她的朋友，她請她們照顧兩個小女兒。我想，父親在此之前應該就過世了，因為另一個兒子，是在我們的中學長大的。我很遺憾地告訴你們，他跟父親一樣，也學會了抽鴉片。得仔到過世之前，依然掛心他跟另一個小弟的靈魂。她後來得知，一個弟弟住在異教徒的家庭，另一個則住在遠親家。得仔終生未婚，她還很年輕的時候有訂婚，不過她後來自願取消婚約，選擇留在學校教書。她總是負責照料生病的女孩，像母親一樣照顧她們。她特別照顧她的妹妹，後者體弱多病，不止一次差點喪命。不過瑞珠 ❷ 還活著，她也盡力承擔姐姐的職責。在我離開福爾摩沙去休假（1908 年）的不久之前，文安姑娘跟我說，一直到得仔過世為止，這對姐妹每年假日，都會到兄弟所在的埤頭（Pe-tow），懇求他們跟隨耶穌。在得仔過世之後，瑞珠現在獨自前往，由她背負母親的遺命，她每次去完回來學校的時候，都很傷心沮喪，你們有人願意為這兩位男孩禱告嗎？跟得仔一起住在學校的姑娘，能告訴你們更多得仔的故事。她過世之後，她們為她立了墓碑，她們說：「我們失去了一位姐妹。」我也一再聽到她們說：「沒有人知道我有多麼想念她。」學校的寄宿生起爭執的時候，都是在得仔的房間和好。她熱心急切要讓每個女孩成為真正的基督徒，──懇求她們。

---

❷ 瑞珠 Sui-tsu，龔瑞珠（1879-1942），1904 年接任姐姐龔老得的職分，繼續在長老教女學任教，並定根在東門街服事，1926 年按立為台南東門教會（今東門巴克禮紀念教會）與台灣長老教會的第一位女長老。龔老得及龔瑞珠是姐妹，父龔阿枝、母洪美，出身於鳳山。其姪女龔玉燦後來也來到長榮女中任教，為台南東門教會榮譽長老。

她過世時，我不在台灣，我覺得，少了她的女子學校，跟以前不一樣了。我有一陣子頭痛欲裂，就是從那個時候起，我愛上這位漢人少女。她聽到我們有人生病，就會問說可不可以過來幫忙，她一來，就用溫柔冰涼的手來緩解痛苦。你們遇見她的時候，會看到她的冠冕上面有星星。

　　「登義」（Teng-it，音譯）的故事比得仔更早。他是住在城裡的男孩，父親是衙門的下官，其財力足以納妾，當然是異教徒。「登義」是元配的獨子，另外兩個兄弟是侍妾生的，他父親那時住在我們禮拜堂正對面。有一年，萬真珠姑娘勸他，讓兒子來禮拜堂的小學校讀書。這個男孩對在那裡學到的東西很有興趣，便求父親請余饒理牧師讓他去讀男子學校當寄宿生。老人對他百依百順，於是他成了寄宿生。他父母以前為了來看兒子，會來學校禮堂參加安息日的禮拜。我們相信福音的信息已經觸及老人的心。有天，我們得知「登義」生病返家，從此再也沒有回到學校。他的病情很嚴重，我們都看出，在他們父子之間，有一個極大的「協議」：我要告訴你們的事情，發生在他過世那一天，他毫不懼怕，告訴大家他要去找耶穌了，他有好幾個小時無法說話。他過世以後，我們進去看他父母，父親的眼淚從臉頰落下，告訴我們這個男孩臨終前，用手示意母親過去，然後把她的手放在他心上，用手向上指。他父親補充說：「這有其含意，老師，這有其含意。」「登義」葬在台灣的基督教公墓。五十位同學，戴著白色的哀悼小帽，排成一直線跟著他到公墓，他父親掙脫妻子的手，也跟著去，這不符合漢人的禮儀，父親不會跟在妻兒後面，白髮人不能送黑髮人。不過愛凌駕了禮儀，父親跟著去看他們把兒子葬在哪裡。基督教公墓沒有放供品、

細川瀏牧師、江葉軒主人、桑原正夫、巴克禮牧師（從左至右）

燒香、燒紙錢，這場基督教葬禮對父親來說，意味著他從此不再拜偶像。兒子帶領父親信主。

　　第三位朋友是旺仔 ❸。雖然他 1908 年過世的時候，看起來很年輕，不過他不太算是男孩了。他來自鄉下小鎮，第一次來教會的時候，是個強健的小伙了，他在林區搬運木頭，過度使力，導致脊椎彎曲。有一位日本基督徒，讓他住進紅十字醫院開刀治療。他出院後好多了，可是已經沒有力氣搬運木頭了，他的孩子出生時，妻子過世了。我們第一次見到他的時候，他依靠某位心地單純的基督

❸　高旺 Ko ong，1907 年十二月二日逝世，享年四十二歲。史料記載：「在斗六得到道理，後來遇到腰骨病也不害怕，來到台南醫館後有比較好，但還是無法工作，只好去台南慈惠院，在那裡宣教領人歸主，後來又得病住進台南醫館，無法醫治而離世。」（《台南教會報》，1908 年一月）

徒長輩幫忙才能維生，他的病情越來越嚴重。我們帶他到我們城裡的醫院，可是三個月後，醫生說已對他束手無策。醫院需要病床，他卻無力照顧自己，我們不知如何是好。我們就像之前那樣，再次請好心的朋友細川瀏牧師幫忙，他是在台南服事的日本長老教會牧師。醫院附近有一間慈惠院（House of Mercy），用漢人為了濟貧所保留的一筆錢在運作，由一對日本夫婦負責。細川瀏牧師安排旺仔來這裡。我們小心翼翼地告訴他，如同你們告訴朋友必須去濟貧院一般。不過，我們其實不用這樣，因為他的笑容充滿感激。在牧師的安排之下，他可以自己住一間房。我們把他抬到小房間的乾淨床鋪，他說：「上帝豈不是良善的嗎？祂為我準備這麼好的地方。」那個房間成為祝福的源頭，1908 年有兩位旺仔教導的院友受洗。我們有天看見他在教導異教徒鄰居的孩子閱讀，他每天晚上，都跟願意加入的人，一起禱告讀經。1908 年他在我們的醫院過世，我最後從他口中聽到的，是他感激細川瀏牧師的查經班成員仁慈以待。他們定期去探訪他，為他帶來些許慰藉。他過世後，他們出錢幫他辦葬禮，也為他立墓碑。

　　四位朋友當中的最後一位是「足仔」❹。她是十五歲的少女，是我們寄宿學校的學生。她被診斷出傷寒，必須跟其他的女孩隔離，於是帶來我們家由我照料，我很快就愛上這位溫柔的病人。我們以為她有好轉，但情況卻變得更糟。有天，我從床上被叫去看她，我知道她快要離開了。我眼裡噙著淚水，她舉起小手幫我拭淚，用最燦爛的笑容說：「別哭，我很高興要去耶穌那裡。」她現

---

❹ Chiok-a，可能是程足／祝，1906 年十月二十七日過世，十八歲，她是女學的學生，在台南新樓醫院過世。（《台南教會報》，1906 年十一月）

在也在祂那裡，等著迎接我們。

　　這封信令人傷心嗎？我認為，這封信應該會讓人非常高興，因為他們都平安回天家了，而且是你們幫忙指引他們的道路。我拿這封信給巴克禮牧師讀的時候，他問我，為何只講過世的人？我在下一封信會講現在還活著的人。

伊莉莎白·巴克禮

第六封信
三位健在朋友的故事

親愛的男孩女孩：

　　我上次答應要講還活著的台灣朋友。我還沒到台灣之前，就聽過盲仔（Mi-a）的事情。我們的安彼得醫生娘，有天正要走去醫院，我想她才剛把小女嬰，留在我們住家所在的美麗圍牆裡面，心裡想著，這個女嬰為她帶來多大的喜樂。這時，她聽到旁邊的小屋傳出另一個嬰兒的哭聲，她覺得聲音不對勁，就等不及敲門，直接開門走進去。她見到的景象好可怕！老婦人蜷縮坐在一旁，高大有力的婦人正要用手勒斃小女嬰，她一看到安彼得醫生娘，當然就住手了，可是她繃著臉說：「我能怎麼辦呢？這孩子看不見，沒有用處。我母親老了，不能工作，我沒有辦法同時養活她們兩個，養老母親才是孝道。」我可以確定，安彼得醫生娘沒有停下來爭論，而是將可憐的小盲女抱入懷裡安撫。她準備了足夠的錢來撫養孩子，於是這孩子得以倖存下來。我到台灣的時候，她已經是溫柔的小女孩了，她每天到余饒理牧師娘家裡，學習用盲人的語言閱讀寫字，也編織一些東西來賣。幾年前，母親幫她找了一個瘸腿的丈夫（他是安彼得醫生的病人）。漢人認為，瘸腿的跟盲眼的人結婚，雙方都不吃虧。年輕的丈夫同意住在女方家裡，所以他們生的兩個聰明男嬰，按照漢人習俗，都屬於她母親的家族，這讓差點殺了女兒的這位婦人十分驕傲喜樂。她不是我最喜歡的人，不過盲眼的小母親快樂滿足，了不起地為丈夫跟嬰孩煮飯、照顧他們。

　　男孩一定要聽我們如何在台灣教導「金句」（Golden Text）。巴克禮牧師跟我去了一個小村莊，那裡的人才剛開始上教會不久，還很無知。我們的臥室、客廳、廚房都在同一處，是用茅草跟竹子蓋的小偏房。後側的茅草牆，切出小方形當作窗戶，門也是用茅草跟竹子做的。沒人料到我們會為了禮拜天過來，很慶幸有老傳道人提供他自己蓋的休息處。那裡很乾淨，味道清新甜美，跟我們之前待過的黑暗內室不一樣。鄉下的漢人，禮拜天整天都在教會，不可思議的是他們似乎樂此不疲。我用小陶爐煮早餐，這種爐看起來像是放滿灼熱木炭的花盆，可以放在桌子或凳子上面，隨手可及。我洗好碗要去做禮拜的時候，聽到後面傳來可怕的尖叫聲。我從很小的窗戶望出去，看見一個高大、乾淨、相當漂亮的婦人，毫不留情地用大棍子打小男孩。有些會友走出來看，說了一些話，又離開了。打小孩跟尖叫聲，還是一陣又一陣，沒有人理會我大喊阻止。不過，巴克禮牧師出現了，婦人停手解釋說，她正要去教會，只是要教兒子把「金句」背好而已。可憐的小男孩受傷跛腳，被人抬進屋裡。到了晚上，他又生氣勃勃了，不過我想他根本沒有把「金句」記起來。漢人婦女有時脾氣很差，我的小僮僕曾說，我不像他們的婦女，如果有人打破東西，她們就會大發脾氣，抓自己的頭髮、用頭去撞牆。我跟他說，我沒有那麼笨，如果他打破我的盤子，用他的頭去撞牆不是更明智嗎？我見過異教徒老祖母，一再把小小孩摔在硬地上，因為小小孩撞倒了她的晾衣竿。她無疑很愛這個小孩，因為他是男孩。不過，她小時候可能被霸凌、被揍過，所以她掌權以後（祖母其實是一家之主），換她霸凌、揍別人，直到心滿意足為止。

再來，我想講基督徒老祖母的故事。她已經不在了，不過她回天家的時候，已經是老婦人了，她過世時，我們這些宣教師都覺得失去了親切的老阿嬤。有一個非常美麗的小村莊，叫做岩前（Giam-cheng），我們在那裡有教會跟學校。我們以前要花兩天的時間才能到那邊，我記得第一次去的時候，身體很不舒服。我們搭轎子（我們在鄉下的交通工具）抵達時，「三嬸」（Sam-chim，音譯）站在小校舍前面。我們下轎子以後，巴克禮牧師跟她說我不舒服，昨晚我們睡在很髒的房子，徹夜未眠。她立刻召集孫子，派一些人去打掃教室（因為當時是假日），又派一些人去取水，她自己則去找來全新的美麗竹床，那是她之前為了要結婚的兒子準備的。我們的寢具都在太陽下拍打、晾過，沒多久我就在床上躺好，由這位可愛的老婦人照料。她始終如一地歡迎我們，而她的仁慈，在村裡產生奇妙的影響，有一次，我們到岩前的時候，發現房間不堪使用，現在我們有新的房間了，不過那天晚上我們在山上的小廟過夜。老婦人叫兒子把床搬上去給我們，也把一切安排妥當，讓我們舒適地安頓下來。這時，廟公的妻子拿墊子進來，躺在地上，說她要睡在這裡，因為她的丈夫要殺她。她的小孩跟丈夫想要把她帶走，可是她開始抓狂，不願離開。黑暗中忽然傳來「三嬸」令人開懷的聲音，豈不是讓我們好高興嗎？「三嬸」安撫可憐的女子，把她從廟裡帶到「三嬸」家的床上，因為這名女子說：「我信得過『三嬸』，願意跟她一起去。」這間廟位於火山（Fire Mountain）的山腳，山的高處有一塊大石頭，底下冒出的火舌高過石頭。有一條小溪從石頭下面流過，溪水依然清涼。漢人把這裡視為神聖之地，在附近蓋了另一間廟，我們前往另一個教會的路上會經過。這間廟宇建在面向峭壁的

地方，坐在寬闊的陽台，可以遠眺山谷，望向天際。附近沒有村莊，有一位老人住在這裡看管，氣氛莊嚴寧靜。我們上次經過的時候，遇到一位少婦獨自坐著。她生了病，為了還願，來這裡冥想參拜。她丈夫不時從山谷帶糧食上來，讓她自己煮來吃。我們在寧靜的山上，彷彿跟卜帝很接近。她認真聽巴克禮牧師傳講獨一上帝，我們的天父。台灣有許多疲憊的心靈，有些人尋求安息；當他們找到講說「凡勞苦擔重擔的人，可以到我這裡來」❶ 的那個人，他們的生命將變得截然不同！他們拜的神靈，往往是魔鬼跟邪靈，要努力取悅，使其息怒。我們的上帝是愛。

　　我跟你們講了基督徒阿嬤的事情，再來要講祿兄 ❷，這位基督徒阿公的簡樸生命，在我心中留下深刻的印象。當初就是這位長輩，善待可憐無助的旺仔。你們有時會聽到老一輩的人說，漢人只是為了得到好處，才成為基督徒，這些人被叫做「米飯基督徒」。如你們所知，他們的主食是米飯，這名稱表示，他們是期望得到食物才成為基督徒。我們住在他們當中，知道實情並非如此，不過，當然也有人為了餅跟魚而來，就跟在英國一樣。我想不到祿兄成為基督徒後，得到了什麼？他付出了好多，不過，除了認識上帝那超越人所能理解的平安以外，他沒有從宣教師身上得到任何好處。拜訪他家令人愉快，我們的房間總是很乾淨，他的妻子跟女兒每次都準備好要迎接我們。他有幾個兒子已經結婚，跟他們的妻小住在一

---

❶ 語出〈馬太福音〉十一章二十八節。

❷ 祿兄 Lokhia，吳祿長老（1854-1932），西螺教會斗六支會早期曾借吳祿的住家聚會，他販賣自製的蜜餞為業，樂善好施，被人所紀念。《台灣教會報》，1932年八月。楊士養，《南台教會史》（台南：台灣教會公報社，1953）。

起。長子讓他跟妻子很傷心，他們還在爲他禱告，相信上帝會垂聽。從禮拜一到禮拜六，這位老人每天站在市場，賣自製的冷飲跟果凍，確實是個不起眼的小人物，不過他總是有錢幫助更需要的人，他在異教徒的城鎮中，成爲活生生的見證。他仁慈正直的生命爲耶穌做的見證，甚至比他用講的還要多，雖然他總是準備好要爲主發聲。1895 年，這區發生叛亂，暴徒拆毀天主教的建物，我們的禮拜堂卻得以倖免，我們深深覺得，這是因爲祿兄這些基督徒的聲譽極佳之故。

我們幾年前去過斗六（Tow-lak）教會，當時的傳道人是林登貴❸，我最後要講他的故事。日本跟中國的戰爭結束以後，日本人在台灣南部登陸，登貴的故鄉麻豆發生可怕的事情❹。登貴當時是巴克禮牧師的學生，台南的學院因爲局勢不安而關閉，於是他回到麻豆。他住在姐姐家，是田間的茅草小屋（我們大概兩個禮拜之後看到這間房屋，已然空無一物），一群暴民跑來大聲吆喝。他的姐姐、姐夫跟他們的孩子也在家裡，他們全都倉促逃出，躲藏在長長的野草裡。暴民追了上來，用削尖的竹子刺進草叢，找到他的姐姐、姐夫跟小孩。他聽到他們被抓走時發出的哭喊聲。他躡手躡腳地爬行，陷入了深塘，只有脖子露出水面。敵人從四面八方持續尋找，還好長草懸垂下來遮蓋住他，讓敵人完全看不到。他聽到他們說：「他一定在這裡，我們一定要抓到他，他是這群人裡面最壞的，跟外國

---

❸ 林丁貴，又名登貴，字毓奇，台南麻豆人，1894 年就讀「大學」，之後派駐台南亭仔腳教會的「小學」老師，後因「林登貴與 Mrs Khim 疑雲」，被教士會解職，1901年，重入「大學」就讀。

❹ 即「麻豆屠殺」。

人住在一起。」但他們最終放棄搜尋。他到晚上才爬出來，跑了十二英里到城裡，把發生的事情告訴宣教師。麻豆的基督徒全被異教徒鄰舍殺死，這些異教徒說：「他們一定把我們出賣給日本人。」這消息很快就傳到台南。

　　不到一個禮拜，異教徒就來乞求宣教師拯救他們，因為叛軍領袖逃走了，日本人正在進軍途中，準備要摧毀這座城市。他們說：「請日本人和平入城，我們會投降。」當時城裡的三位宣教師是巴克禮牧師、余饒理牧師、宋忠堅牧師，他們回答：「我們不能請日本人入城，否則你們會殺光這裡所有的基督徒，就像你們殺了麻豆的那些基督徒一樣。」不過，他們最後同意把城裡仕紳簽署的投降

和平使者巴克禮想像圖（金斗鉉繪）。1895 年巴克禮牧師接受台南府城仕紳央求，帶著請願書會見乃木希典將軍，交涉日軍和平入城，因而避免了一場慘烈的屠城。

信，交給乃木將軍（Nogi）。余饒理牧師前往安平，看看能否傳話給日本海軍上將，他已經把槍砲對準這座城了。另外兩人則出發走向五英里以外的日軍。他們知道有喪命的危險，不過他們邊走邊唱「天下萬邦萬國萬民」（Old Hundred）❺。上帝看顧他們，使乃木將軍仁慈對待人民。巴克禮牧師說，看到登貴讓他得到安慰，這位學生才剛經歷那麼可怕的事情，就跟另一位學生 Thoan-a，自願陪宣教師走上危險之路。隔天清晨，巴克禮牧師帶回乃木將軍的信息，這兩位學生也跟他在一起。叛軍的旗幟降下，城門打開；軍隊和平入城，沒有喪失任何生命。後來，日本天皇頒給宣教師美麗的金星，以表英勇。你們見到巴克禮牧師的話，請他拿給你們看。我對此感到非常驕傲，這代表漢人信賴宣教師，也代表宣教師為了拯救人民，就算喪命也在所不惜。

伊莉莎白·巴克禮

---

❺ 〈Old Hundred〉，又名〈Old 100th〉或〈Old Hundredth〉，法國作曲家 Louis Bourgeois 1551 年的聖詩作品。其曲調，為今日台灣基督長老教會「舊聖詩」頌榮 508 首：「天下萬邦萬國萬民」。

巴克禮牧師獲頒五等旭日勳章

六封信件的英文原版

Elisabeth A. Turner (Mrs. Barclay),
Letters from Far Formosa to Boys and Girls
(London: privately printed, 1910).*

* 本書最初於 1910 年在倫敦自費出版，未見於英國的大學圖書館或公
立圖書館，台灣基督長老教會歷史檔案館重新檢視 2013 年拍攝的資
料照片時，發現了這批書信，存放在：Overseas Formosa T. Barclay
(Overseas Addenda Individuals T. Barclay Letters 20 Boys-Girls Box1
file5 6 pieces) Letter 1-6。微片編號 2035-2036，信件有六封，約 40
頁。本書是珍貴史料，特附於漢譯之後，供讀者參考。

Letter I.

My dear Boys and Girls,

I want to tell you a little about your own special Mission Field, the island of Formosa, to which the money raised by the Children of the Presbyterian Church of England is sent.

If you look in your Atlases at the map of China and Japan, you will find Formosa off the south-east coast of China, from which it is divided by one of the roughest seas in the world. The Chinese name of the island is Taiwan, and it was called Formosa ("Beautiful Isle") by Portuguese sailors when they saw it first about 360 years ago. The island is twice as big as Wales, and with its rice fields, its high palm trees, its sugar-canes, its tea-plants, and away up on the high mountains its forests of Camphor trees, it is very beautiful. On the north-east coast some of the highest cliffs in the whole world (7,000 feet) slope sheer down to the water's edge. It is very hot indeed in Formosa for more than half the year, and in the summer time it feels like a great steam bath.

Earthquakes and terrible storms often occur. In 1906 the city of Kagi in the middle of the island, where you have a Christian church, was almost altogether destroyed by a great earthquake, and many many people were killed, injured, or made homeless. In a great storm the house of Dr. Anderson (one of your own missionaries) was blown right down.

The work of ploughing is done by water-buffaloes (a kind of cow) instead of by horses as in England. And you would never walk far in the country without meeting some of these animals. Then you

英文信件原版第一頁

Letter No. I.

My dear Boys and Girls,

I want to tell you a little about your own special Mission Field, the island of Formosa, to which the money raised by the Children of the Presbyterian Church of England is sent.

If you look in your Atlases at the map of China and Japan, you will find Formosa off the south-east coast of China, from which it is divided by one of the roughest seas in the world. The Chinese name of the island is Taiwan, and it was called Formosa ("Beautiful Isle") by Portuguese sailors when they saw it first about 300 years ago. The island is twice as big as Wales, and with its rice fields, its high palm trees, its sugar-canes, its tea-plants, and away up on the high mountains its forests of Camphor trees, it is very beautiful. On the north-east coast some of the highest cliffs in the whole world (7,000 feet) slope sheer down to the water's edge. It is very hot indeed in Formosa for more than half the year, and in the summer time it feels like a great steam bath.

Earthquakes and terrible storms often occur. In 1906 the city of Kagi in the middle of the island, where you have a Christian church, was almost altogether destroyed by a great earthquake, and many many people were killed, injured, or made homeless. In a great storm the house of Dr. Anderson (one of your own missionaries) was blown right down.

The work of ploughing is done by water-buffaloes (a kind of cow) instead of by horses as in England. And you would never walk far in the country without meeting some of these animals. Then you would see a great many pigs. In a Chinese house, Father, Mother, Children, hens and Pig live together in a most friendly way. Even a pig who has died of plague or some infections illness is eaten by the Chinese, so sickness soon spreads.

As in all hot countries, a great many insects live in Formosa. There is the Mosquito which makes a loud buzzing noise and lives on human blood. It often carries fever from one person to another, so we should like to see every Mosquito in the island killed. Then there is the White Ant which creeps up from the floor into the leg of a table, chair, or piano, and eats steadily away (inside where nobody can see it) till one day the chair or table topples right over.

And now I must tell you who the children of Formosa are. Mrs Barclay of Formosa says: "About 300 years ago, the children of the island were, as far as we know, of one race. But they lived, as in Scotland, some in the high hills and some in the low hills and plains, and, as in Scotland long ago, there was not much love lost between them. They were divided into many clans, speaking different dialects. Some missionaries and merchants from Holland came about that time, and settled in Formosa. They lived among the people in the plains, and taught them to read and write, as well as about the one true God. Before many years, a great pirate chief, called Koxinga, who had been driven from the shores of China, sailed his fleet across the Formosa channel, and attacked the helpless islanders. They killed or expelled all the Dutch. Gradually more Chinese came from the mainland, and, as they wished field and farms, the people of the island who had dwelt on the plains, had to remove further in to the low hills, they in turn gradually driving the highlanders to higher hills behind. If you look at the map of Formosa, you will see the long range of hills running from north to south, with the low hills and the level plain on the west side, between them and the sea. Think now of the three races, the Chinese on the level plains; the lowlanders driven by them from their farms on the plain to the low hills skirting the high mountains; and away beyond, the wild head-hunting savages in the mountains, which rise to the height of nearly 14,000 feet, more than three times the height of the highest mountain in Great Britain. As years went on, the lowlanders, hemmed in between the two races, had a hard time of it. They gradually came to speak and dress like the Chinese, but were never regarded as their equals. The Chinese speak of them as "the barbarians of the level plains", though they are a peaceful, farming class.

The people who live in the high mountains are known as "wild savages", and they are savages. Some, but not all, are head-hunters. They have clan fights among themselves, and at intervals descend to the low hills or plains and attack a lonely village, or carry off the head of a little herd, or any benighted traveler. They are of the same race; but, what I wish to make clear, are quite different in dress, in language, in habits and in education from those who are known as the Pe-paw-hoan or "barbarians of the plain". This is an unfortunate name, for some of these people are now among our doctors, our teachers, and our students. Our first native pastor was a Pe-paw-hoan. Our Tainan pastor's wife is one, and she is a splendid minister's wife, well-educated and earnest. Her husband is a Chinaman, also well-educated, and their home is an ideal one. These Pe-paw-hoan are Chinese to all appearance and have equal rights with them, though they are of the blood of the poor head-hunting savages. The Chinese, who till twelve years ago were the ruling race, are, we think, a stronger, more reliable people on the whole; but I like going to a Pe-paw-hoan village, you always get such a kindly hearty welcome.

The Chinese are like the Chinese of the mainland opposite, but they have always been thought to be less hostile to foreigners. Twelve years ago, as you know, after the Japanese war with China, Formosa was given to the Japanese as part of the war indemnity, and of late years the Japanese have been pouring into the island, many of them bringing their wives and children with them, and making their homes there.

Now you will understand what children you have to take care of. First, you have the little savages up in the hills, jumping with delight, perhaps, when the father or big brother brings in an enemy's head, which he takes from a pocket slung round his waist, wrapped in a small cloth embroidered by the women of the tribe for the purpose. You have his brothers and sisters in the low hills who have already shown in our schools what good men and women they may grow up. You have the bright clever Chinese boys and girls from the farms and towns of the plain, whose brain will hold its own with any child when he gets the chance. And fourth, you have the winning little Japanese maiden and her little soldier or sailor brother; for it is very noticeable that, although the little girl is still in Japanese dress, the boy is generally in solder's or sailor's dress, and his toy is a gun - no toy, as we know, a few years later. What are you going to do with them? When we all meet before the Throne of God, would it not be grand if one and another could tell you, 'You opened the gate of Heaven to me'."

(In her next letter Mrs Barclay will tell you of the savage children she has seen).

Letter No. 2.

My dear Boys and Girls,

It is nearly sixteen years since I first saw a Formosan savage. I had only been in the island a short time, and could not speak Chinese. The white ants had been busy destroying Mr. Barclay's house, and some workmen were pulling down one end of it, while we had our home in the other end. The house had four rooms side by side and a long verandah in front. I was alone in our end of the house, when I heard a great tramping and talking; and along this verandah came the most grotesque crew you ever saw. The men wore short cotton kilts, open at the side, and embroidered cotton jackets of all styles and colours. Their head ornaments were feathers, horns of animals, shells, knives, leaves and silver pins. The all carried knives in their belts, and were on the whole ugly. The women wore long cotton skirts, a short cotton jacket, and a kind of apron. I remember well a village woman, who had not seen an English woman before, saying of me to a neighbor, "Why, she dresses like a savage woman"! And she was not so far wrong. A tight cotton dark-blue skirt, a short Eton coat of the same, with as much red about it as possible, and a wreath of broad green leaves make the costume of the savage woman.

In an instant I was surrounded by this strange crowd, while a Chinese interpreter spoke volubly to me in a then unknown tongue. To my relief I saw the Chinese workmen had come from the other end and were watching me with great amusement. I made my escape, and from my various home stores brought pins and needles and some raisins, and presented each guest with something. They were so pleased with their reception, that they squatted round my little sitting-room, pulled out their long carved pipes, and settled themselves for a smoke. I suppose my look of consternation was too much, for the workmen took pity and insisted on their coming out to the verandah. Mr. Barclay soon appeared, and after a little conversation with them through the interpreter, our guests took their leave; only, however, to appear again in the evening with added numbers. This was before the Japanese got Formosa, when the savages came down themselves with some middle man at intervals to barter their bearskins and mountain produce, such as rattan and pith, for the bright cloth they so much prize, and for salt, which is their greatest necessity.

Some time after this, we were visiting one of our Christian stations, at the foot of a high hill. Here a small settlement of savages, who had quarreled with another tribe, and were too weak to protect themselves, had left the hills and come to live on the outskirts of the village for safety. The children used to come to our room and beg for anything we would give them. After some coaxing I got them to stand to be photographed. Years after, when showing the pictures at this village in a lantern exhibition, we were saddened to hear that three of the group had been killed by other savages. One poor man hearing I had medicine (Mrs Barclay is a trained nurse) came for some, and in gratitude came back with a handful of millet, a grain like oatmeal on which they chiefly live. He was very evidently dying of consumption; and it was hard to look at the poor fellow and feel helpless to speak one word to him of Him Who said, "Come unto me, and I will give you rest."

I think it was the summer after this I paid my first and only visit to a head-hunting village. Mr. Barclay and I joined a party of Chinese who were going up with offers of peace from another tribe and presents of cloth as a peace-offering. We also had to prepare a present, matches being, I remember, a part of it. The path led steeply up from the plain, and very soon we began to meet small groups of savages. They halted and we halted, and they solemnly drank a cup of spirits, drawn from a large earthenware vessel carried by some of our companions. Much as we disapproved of this we were helpless to prevent it, as we thought it had been brought by the other party. But alas! later on, when paying our reckoning, we found our money had paid for the whisky! A sad beginning, was it not? to my first visit to the savages. As in other lands, it is a terrible curse to them; and when they drink, they lose all control, and some of their recent outrages, which have led to such terrible retribution, have come from the Japanese giving them drink as a reward for work done. The path led along the face of the hill, far into the mountains, before we came to the little village standing on a point of rock which commanded the path by which we approached. As we passed through the stone gateway we were face to face with a huge figure carved the same on both sides of a block of wood. It was raised on a green knoll, and round it resting or standing were the old men of the tribe, many of them with a red blanket hanging from their shoulders. In front of the figure was a block of wood, and we were told this was the seat of justice, where the chief passed judgment. There were no idols, the savages are not idolators. What takes the place of a religion with them is alas! the terrible custom of collecting human heads, which are ranged in ghastly rows, or in a horseshoe circle in a small building. I am glad to say they did not show me this room. We were at once invited to enter the chief's house. His wife, a young girl, evidently felt she was in royal apparel, having on a skirt of Chinese cloth, and was very dignified. Some of the young girls were really very pretty; but owing to the hard outdoor life they have to live they get quickly old and ugly. We met the poor women toiling up the steep hillsides with their scanty harvest of taro. As in most savage countries, the women here do the most of the work. Some of the older women become prophetesses to the clan. The day we went up, these prophetesses said the note of the birds was not propitious, so the peace delegates had to bring their presents away. We were entertained in a large room, the roof and floor of which were stone slabs. They brought us millet porridge in bowls with wooden spoons, and gave us little stools to sit on; so that it was easy to think ourselves in a Highland kitchen at home.

This visit was spoiled to us by the very evident uneasiness of our guides. I wished to buy some curios, but only got the very dirty cotton kilt and jacket of the chief, while he pranced around in the new one for which I had given sixteen shillings! I have no pleasant memories of this visit, there was an unfriendly feeling in the air; and when we finally

left, we had not gone far when the chief and his brother followed us to demand money. It is only fair to them to say that of all the crowd who had gone with us and who ate the plentiful meal provided, not one had given them a penny. Not understanding the language we had a great sense of helplessness. If ever we are happy enough to have missionaries to the savages, they will need to learn their language and not depend on interpreters; for more than likely the people who went with us as guides had cheated and oppressed the savages on former occasions. A very small sum satisfied them, and we proceeded in single file along the hillside, till another halt was called, some spears being seen on the brow of the hill we were approaching. Their owners sat on either side of the road, and we passed through without a smile of greeting, and on my part with a beating heart. I was glad when we reached the plain. But the picture of that distant little village, with its bright dark-eyed boys and girls, has never left my memory. And when I look up to those distant blue hills, I think of these children and of the sad-faced women, and pray that they soon may hear of the love of Him Who died for them. Shortly after our visit, this clan was again making raids on the villages at the foot of the hill.

Another visit we paid to the territory of the head-hunters was only a few years ago, when we went to a station lying just on the borders, three days journey from our home. The road to it had been made since the Japanese got the island, and at regular distances there are police settlements. We were told as we passed that all was quiet and safe. It was dark when we reached our village, but next morning there were pointed out to us the roofs of a savage settlement beyond, where the Japanese were putting up a small building. They would not allow us to go up, although bands of our Christians were going to help in the labour. I remember we had a prayer-meeting together on a knoll from which we could see the huts, that the true morning might soon dawn for them. We had scarcely got back to our home in Tainan, when we heard that there had been a big rising of these very savages, and many lives lost. Later we heard the reason; to reward them for their labour, the Japanese had given them drink when the house was completed, and they became like maniacs. When the policemen, also under the influence of drink, took liberties with them, they set on them and killed them.

An event of this kind does not mean only the loss of a few lives and the punishment of the offenders. It means that the cordon of police stations, already round the base of the hills, is so tightened that no coming and going to or from the plains is possible, and all the savages are cut off from their supply of salt, which for them is a terrible privation. It has already meant more than this, for in some places they have been massacred, and for a time it was openly said that there was no course open but extermination. Remember, they have never had a chance. One Japanese statesman has said that there is one other course open, Give them a religion. They are terribly on our hearts, these poor savages, who are to be hunted down if they cannot be taught. Pray that God will open a door for them, and that He will open a door for us, and make us obedient. They must get their chance. Jesus said, "Go ye into all the world". And nineteen hundred years later, these men, women and

little children are to be shot like vermin, because no one has told them yet the story of the Cross which teaches us to love one another.

Now these are the head-hunters of Formosa. But you must not think all the savages are head-hunters. We have travelled for days on the East coast with only savages as out companions, and we have slept for nights in their villages, and have had no fear, for they are not head-hunters. And we could begin mission work at once among them, if we had only men and money. My next letter will tell you of nights spent with them.

(Signed) **E. A. Barclay.**

Letter No. 3.
The A-Mis (pronounced A-Mees).

My dear Boys and Girls,

In my last letter I promised to tell you of our visit to the East Coast of Formosa, and of the days we spent among the A-Mis, one of the more friendly tribes of the savages. It is more than forty years since some of the Lowland Aborigines of the West Coast, hemmed in by the Chinese on the one side and the mountain savages on the other, and dispossessed of all their field, took the resolve to take a five days' march in large numbers across the mountains through the head-hunters' territory to the East Coast, and where the hated Chinese might not have come. What they did find when they descended was a long fertile valley; but between it and the sea was another high range of hills. In this valley they settled and prospered; and in time some of them crossed the second range of hills to find themselves on the seashore, with very little ground for cultivation, as the hills in many places slope into the sea. They stayed there, however, and formed amongst others the little village of Chio-haw-soa, or Stone-umbrella, where we have now a church.

By this time the friends they had left on the West Coast had heard and accepted the good news about Jesus sent to them by the English Presbyterian friends through Dr. Maxwell, who is still living in England, and who was the first missionary to Formosa. The Gospel spread to the East Coast by men who sailed round the South Cape in junks or crossed the mountains. And in time news came to the missionaries that there were Christians on the East Coast, who wished to be baptized. Mr. Barclay was the first to go to them. It took him a week to get there in a Chinese junk. He landed at the little village of Stone-umbrella, which gets its name from a rock that looks like a gigantic mushroom or umbrella. He spent a week teaching and baptizing, then made his way over the hills, past one or two friendly savage villages, to the Inner valley, where he found some Christian villages, the people of which were very ignorant indeed, but willing to learn. The valley is about 100 miles long, and has an outlet on the coast at Hoe-lian-kang on the north and at Pi-lam in the south. It is very narrow, and the hills on the west side are full of head-hunting savages, whose language no missionary knows. The range on the east side, between it and the sea, is also full of savages, but they are not head-hunters, and it is of them I wish to speak.

Try to understand the position of these East Coast villages, for I am sure you will hear more of them by-and-by.

Mr. Barclay paid a second visit to the East Coast before I went to Formosa, the second time crossing by a road through the head-hunters' territory, instead of going by sea. The Chinese always sent an armed guard with anyone going this way. And it was here that Mr. Ferguson, a few years later, was shot in the breast, he having walked on in advance of his party. It was a slight wound, but he would have lost his head if his friends had not come in sight, as he stumbled and fell. It was not till the Japanese got Formosa in 1895, that an English woman was allowed to go the East Coast. And when Mr. Barclay proposed taking me, it was thought a risk. I suppose it was, but my feeling was if he lost his head, mine would not be of much value without his. So I wished to run the same risks. We sailed round the South Cape in a Japanese steamer, and landed at Pi-lam, or rather sprang ashore through a blinding surf. The Chinese women, who had bound feet, were pitched ashore. This landing is one of the features of the East Coast. Sometimes the waves are too big to allow the small boats to reach the steamer, and we have heard of passengers who have been carried round the island twice, before they were able to land, a month later. The shore was covered with a grotesque crew of ugly but picturesque men and women, in all sorts of dress and undress. And bullock carts were waiting for the steamer's cargo. We were taken to the store of a friendly Chinese trader. It was a large room, but almost full of rattan or cane which grows on the mountains, pith (also a mountain product), bales of tobacco, skins of wild animals, etc. These goods are brought down by the savages, and they get cloths, ornaments, and what is more valuable, salt in exchange. The only light came in through the door, and in a minute this light was darkened by an eager crowd of Chinese, Aboriginal and Savage faces, whose owners by degrees got inside.

We found that our way up the valley was impossible owing to floods, and that the way by the shore was barred, as no boat could cross the mouth of the river, owing to the storm. We spent a week in this room. Mr. Barclay took the ropes from our boxes and made a network of them across the open door, so that we had light and air, and our friends had

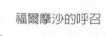

the pleasure of looking at us through the bars like two monkeys in a cage. I curtained off our bed in the corner. Mr. Barclay spoke in Chinese to those who could understand, and every night we unfastened our ropes, and invited them in while we had worship in Chinese. There were always many applicants for quinine, etc., for there are no doctors among them. We felt the burden of seeing so many of our fellow men, who had never heard the Old Old Story of Jesus and His Love, and to whom we could not bring it. We are still hoping and praying that we shall yet see a missionary and a missionary doctor learning the language of the savages at this little town of Pi-lam, which the Japanese have made an important centre for trade. Will the children of the English Presbyterian Church join in praying for this?

When we at last started up the valley we were in bullock carts. The motion of these vehicles, with huge solid wooden wheels and no springs, is indescribable, and we walked as far as our strength would allow. But the road lay up the river bed, sometimes on one side and sometimes on the other, and so pretty often through it. We were very glad when a halt was called for dinner. Wood was gathered and fires built. Our brass frying pans, shaped like bowls, were polished with the hot sand, for we, like our native companions, carry our cooking utensils with us, and use the same kind. We soon had a comfortable picnic meal ready, with a cup of coffee, and we did enjoy it. Groups of savages came and stared at the strange sight, and passed on. At night we camped where there was grass for the bullocks, and a huge camp fire was lit. The moonlight was brilliant, and I wandered down to the river, which was flowing near, thinking how beautiful and peaceful it was. I would not go alone now, knowing what I do. For we were on the wrong side of the river for safety, and the savages have a custom of going long distances, then lying in wait till they see a solitary being, when they rush out, kill their victim and carry off the head as a trophy of valour. We heard them shouting in the hills above us, and occasional shots. But our friends told us they were pig-hunting and would not trouble us. The fire was built high and a watch kept all the same. And Mr. Barclay always tells how I insisted on making the bed in the cart with our feet towards the hills and not our heads, feeling that if they crept up secretly, the feet would not be so great a loss as the heads! There is no use hiding the fact that there is danger in these East Coast trips. And we were very glad when we got Miss Butler and Miss Stuart back in 1908 after their visit. The young wives of the preachers in this valley had been their pupils in the Girls' School, and they felt they must go and encourage them in their difficult field. They spent several weeks at the different villages, teaching the women to read and guiding the work of the young wives; and came back with the same longing that fills our hearts for these poor head-hunters, who have not yet had their chance.

I am not going to tell you much of our visit to these Christians, some of it was very sad, for we found those who had gone back to worship idols. One poor woman, whose daughter rose and went out when we went in, told us that some years before one of her children took ill and her neighbours said "It is because you have offended the idol". Then she died. Another sickened and died, and her friends urged her to go back to the idols, and she would not. Then the third, the young girl we had seen, sickened, and with tears she besought her mother to go to the idols for medicine. She went, and the girl got well. The priests know a little about drugs, but will only give them in the name of the idols. We heard of one idol who had ordered quinine! What a blessing a doctor would be to this part of our field!

After spending a Sunday at each of our three stations, Li-lang, Chio-pai, and Koan-im-soa, we prepared to cross the mountains to Stone-umbrella or Chio-haw-soa on the seashore. Some of the Christians had come to convoy us over. It was on this journey we met the A-Mis or friendly savages, of whom I promised to tell you. But this letter has grown longer than I meant it to be. My next one, which I will send soon, will tell of our nights among them.

Your Friend,

(Signed) **E. A. Barclay.**

Letter No. 4.

My dear Boys and Girls,

As I finished my last letter, we were leaving the Inner Valley stations to cross the hills to our little sea-coast station of Stone Umbrella, and I promised to tell you of our journey over. Some of the A-mis, or friendly savages, were called as chair-bearers. Ami is "friend" in French, is it not? You can remember the name in that way. They were unwilling to come, as it was the season for millet planting, a sacred time with them when they like to keep apart. Where the Chinese use rice as food, the savages use millet; some of you will have fed your birds with it, and will know what it is. They consented to come, however, and began preparations to make our chairs. They split bamboos and plaited them into small mats, at each end of which they put a bent bamboo, like the letter "V" turned upside down. We sat down on the mats, a pole was passed through the "V's" across our laps, and two savages raised the pole on their shoulders, when we found ourselves swinging in the air. A footspar was hung in front for us to rest our feet on, and in this not over-luxurious fashion we travelled for days. The only provision our bearers made for their own comfort was to take with them a huge very uninviting cake of boiled millet. A kindly Christian woman insisted on tying her own newly made headcloth round me to keep off the wind. Another gave me a big packet of hot peanuts. The one served as a much-needed support for my back, the other as a friendly means of communication with my bearers. As I was eating them, I saw a big hand held back towards me which I at once filled. Then one was put out by the man behind, and I filled it, and we had them time about as long as they lasted. As the sun was setting, we reached the first savage village I ever slept in. We were carried as a matter of course to the Palakan or travellers' resting place, a large bamboo erection just outside of the village, but within the enclosure which they have for defence. Here we found the three sides of the shed had broad bamboo sleeping shelves or beds, you might call them, and we were told to take our choice. There was a jar of clean water, and a great fire of smouldering logs was in the centre of the room. Round this fire were laid four big square logs, and we found it an easy matter to sit on one of these while our kettle boiled in a little glowing corner, and cook the supper. We were very pleased with our quarters, and were settling for the night, when we heard voices and feet approaching. I then learned for the first time that the custom of those tribes forbids any boy over twelve years old, any unmarried man or any widower, to sleep in the village; and that this Palakan, which is the workroom of the old men in the daytime, is really the sleeping quarters of the unmarried men. It is also, however, open to travelers without any charge, and we were welcome. After the first surprise, the men crowded in, and seated themselves on the logs round the fire. The young boys picked up a glowing ember and lighted the pipes of the older men, and all gazed at us in silence. There were Christians with us, and if only we had known the savage tongue, what a night we might have had round that glowing log fire, telling the Gospel story for the first time to these men and boys! That congregation is still waiting, and no one has told them yet. Perhaps someone who hears this letter may be the first to go. It is through those A-mis we think we could reach the head-hunters in time. We were safe among them, and at every village there is this opening round the fire, if only we had the missionaries. We sang hymns; and our Christian friends told us of Mr. Thow's visit to these villages. He died in 1894; but he is remembered by those who were his companions on the journey. We left a little after dawn, but the savages were all away before us. I shall never forget the beauty of that morning among the hills. Being their sacred time, the people would not stand near us long enough to be photographed, and we could only get very few pictures of them. At other times they were quite friendly, and one old woman danced in front of me what might have been a Highland Reel, as thanks for a darning needle which she had asked for when she saw me using it. I remember seeing a pretty sight. A little savage was enjoying a nice big hot yam or sweet potato, when a group of children smaller than himself joined him and held out eager hands. Piece after piece was broken off till only a small piece remained, and still one little hand was empty. He hesitated only a moment before giving the last piece away. This must, I think, be a custom of the tribe; for one morning I saw pretty much the same thing from a man. About a dozen men from another village had slept in the Palakan, and the Eastern hospitality shown everywhere required breakfast to be prepared for them. I saw it brought in from the village; a dozen or more big millet cakes and a

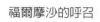

wooden platter covered with half-cooked pieces of deers' flesh. This platter about three feet long was placed near where I was lying behind my curtain, and I watched the young man as he most carefully arranged the twelve portions. Each came then in order of age and chose his own. But alas, an extra man came and the divider gave his own away, keeping only a very small piece for himself. They seemed kindly and happy with one another; and I remember one night, when Mr. Barclay was showing them the magic lantern in the open air, I was packing away our various possessions for safety before going out to join him, when the Japanese policeman's wife said, "You need not do that, these people will not touch your things." And they did not. We spent a Sunday in one of these villages, and as we were quite alone, we went down to the seashore, where a troop of savage boys followed us. They squatted round us in a circle, gazing at us with their bright eyes and chattering to one another. The next moment they were like so many porpoises bobbing about in the sea. They were truly in all their ways and habits that day like happy little animals; but we could not forget that they had immortal souls. The Japanese are opening schools for these children in the villages along the shore; but we heard from one teacher that it was a difficult matter to make them attend. Are we to be content that they only learn to read and write? Have they not as much right to know that Jesus died for them as we have? I think I told you before that our first native minister was of the very same race as these children of the East Coast. Only he was one of the lowlanders I told you of in my first letter, and could understand Chinese, and so heard the Gospel from the Missionaries.

There is only one more picture I wish to draw. Our last day's journey along the shore to Pi-lam, where we were to get the steamer to take us home to Tainan, was long and tiring, and it was getting dark when we saw the lights of the little town. I had forgotten the river was between us and it, and when we got to the bank, the stream looked terribly dark and swift. Our bearers, all savages, seemed to think the same, but holding together they waded in to try its depth. It swirled to the shoulders of the shorter ones, and they were left on the further shore, while six of them came back for me. I was shown how to sit up on the mat, and they then raised it bodily above their heads, and so carried me over. I too was left on the further side, while they went back for Mr. Barclay.

In a very short time we were in the little town of Pi-lam, and our bearers, our kindly companions of the last two days, after receiving their wage disappeared into the darkness. I remember to this day the feeling of sadness that came over me not even being able to say a kind word to them; and as it was "hiang", or their sacred time of separation, even the slight satisfaction of a little present was denied us, as they refuse gifts at such a time.

This is the story of our days among the savages as I remember it now, and some people might say I have drawn too bright a picture of them. It was very interesting to pay them a visit; it might not be so pleasant to live among them. If any boy or girl is thinking, Oh, it would be grand to go there and tell them about Jesus, you must remember that only the love of Jesus in your own heart would make it possible for you to help them. "The love of Christ constraineth us"; they have the right to know as well as we that he died for them and now lives to welcome them to the Heaven of which they have never heard. You, the boys and girls of the Presbyterian Church of England, have taken Formosa as your special care, and these savages belong to you in a very special way. Pray for them now, and ask God to open up the way for them to hear the Gospel of His grace.

(Signed) **E. A. Barclay.**

Letter No. 5.

My dear Boys and Girls,

In my previous letters I told you about the Head-hunters of Formosa, and about the Amis or friendly tribes of savages. Now I am going to tell you about some of the Chinese. And I will try to make them real to you as they are to me, boys and girls with joys and sorrows just like yourselves. In this letter I am going to tell you of four of my friends who have already gone to Heaven, and who, when you get there, will be able to thank you for sending the good news to them. Two are girls and two are boys. I will begin with Tit-a, for she was the first I knew.

When I first went to Formosa, I was introduced to her by one of our Lady Missionaries as the dearest one of their pupils. She was not pretty as some of the young girls are; but she was typically Chinese-looking, and in time a sight of her face came to mean rest and comfort to me, as it did to all who had been ill and knew what it was to have her gentle hands nurse them. She was the eldest child of an earnest Christian mother, who had the sad fate of being married to an opium-smoker. This man sank so low that he sold his second son to get money to buy the hateful stuff. A Chinaman, if he has several daughters, may not be unwilling to part with one of them to be the daughter of another man; because he reasons that in a few years she will marry and belong to another house at any rate. A boy is different, he always belongs to the father's clan, unless legally sold; and a man is far down who sells a boy. But opium brings a man low enough to do it. The mother was broken-hearted, and when some time later she knew herself dying, she called her daughter to her and made her promise that when she grew up she would try and find the brother who had been sold and tell him about Jesus. The mother had come up to Tainan, where our Girls' School is, before she died, and the ladies who taught in the school were her friends. She asked them to take care of her two little girls. I think the father must have died before this, because the other boy was brought up in our Middle School. He, I am sorry to tell you, has become an opium-smoker like his father. And Tit-a had the burden of his soul on her heart till her death, as well as that of the younger boy. In time she found out where her two brothers lived, one in a heathen family, the other with a distant relative. Tit-a never married. She was engaged when very young, but by her own wish it was broken off, and she chose to stay in the school and teach. She always took charge of the sick girls, and mothered them, especially caring for her own younger sister, who was so delicate that her life was despaired of more than once. But Sui-tsu is still living, and as far as she can, is filling her sister's place. Not long before I left Formosa on furlough (in 1908) Miss Butler told me that till Tit-a's death, the two sisters in the holidays had gone year by year to the town of Pe-tow, where the brothers lived, to plead with them to follow Jesus. Now Sui-tsu goes alone, feeling that her dead mother's charge is laid on her since Tit-a's death. She comes home to the school sad and depressed after each visit. Will some of you pray for these two boys? The Ladies who lived in the school with Tit-a could tell you far more about her than I. When she died, they put up her gravestone, for they said, "We have lost a sister." And again and again I have heard one of them say, "No one will ever know how I miss her." If there was any quarrelling or trouble among the boarders in the school, it was in Tit-a's room peace was made. She was eager and anxious that every girl should be a true Christian, and she pled with them individually. She died when I was away from Formosa, and I have never felt the Girls' School quite the same without her. I had terribly bad headaches for a time, and it was then I learned to love this young Chinese girl. If she knew any one of us was ill, she would ask if she might come over and help. And the first thing one knew, was a gentle cool hand trying to smooth the pain away. She will have stars in her crown when you meet her.

Teng-it's is a still older story than Tit-a's. He was a city boy, the son of an under-official in the yamen or court, a man well enough off to have two wives, and, of course, a heathen. Teng-it was the only child of the first or true wife, the other two boys were the sons of the slave wife. This man lived right opposite our chapel in these days, and one year Miss Barnett persuaded the man to let his boy come to her little school in the chapel. The boy was so interested in what he learned there that he begged his father to ask Mr. Ede to let him go to the Boy's School, and become a boarder. The old man could refuse him nothing, so a boarder he became. And the parents used to come to the services in the school hall on Sabbath just to see their boy, and we trust the Gospel message reached the old man's heart. One day we were told Teng-it was ill, and had gone home; and he never was in school again. His illness was a very sore one, and we all saw a great deal of him and of his father. It is of the day of his death I would like to tell you. He had no fear, and told them all he was going to Jesus. For some hours he could not speak, and when we went in to see his parents after his death, the father with tears rolling down his cheeks told us how the boy had signed to his mother to come to him, and then, laying her hand on his heart, he pointed upwards. And the father added, "It had a meaning, Teacher, it had a meaning". Teng-it lies in our Christian cemetery in Formosa. His 50 school-fellows, with their little white mourning caps, followed him in single file to the grave. And his father, breaking free from the restraining hand of his wife, followed too. This is not etiquette on the part of a Chinaman, the father does not follow his child or wife. The superior does not worship the inferior, as it were. But love triumphed, and he went to see where they laid his boy. In the Christian cemetery no spirit offerings can be made nor incense nor idol money be burnt. And this Christian funeral meant to the father his break with idolatry. The son led the father.

Ong-a, the third of our friends, although he looked very young when he died in 1908, was scarcely a boy. He came from a small country town, and when he first came to church was a strong young fellow. He overtaxed his strength carrying wood from the forest, and curvature of the spine began. A Japanese Christian got him into the Red Cross Hospital, and an operation was performed. He came out much better, but with no strength for his work. When his baby was born his wife died; and when we first met him, he was living on the kindness of one of our simple-hearted Christian elders and gradually getting worse. We brought him to our city hospital, but after three months he was told by the doctor that he could do no more for him. The bed was needed, and we did not know what to do, as he was quite helpless. It was then that we turned in our need, as we often had done before, to our kind friend, Mr. Hosokawa, the Japanese Presbyterian minister of Tainan. There is a house quite near the hospital, known as the House of Mercy. It is kept up by some money left by the Chinese for the poor. A Japanese and his wife are in charge. It was here Mr. Hosokawa arranged for Ong-a to go, and we broke it to him gently, as you would if you were telling a friend he must go to the Poorhouse. But there was no need for this, his face just beamed with gratitude; and as we lifted him into his clean bed in the little room that, through the pastor's influence, he was to have for himself, he said, "Is not God good to prepare such a place for me?" That room became a centre of blessing, and in 1908 two of the inmates of the house were baptized who had been taught by Ong-a. We found him one day teaching the child of a heathen neighbor to read; and every night he had prayer and reading of the Bible with all who would join him. He died in 1908 in our hospital; the last words I heard from him were words of gratitude for the kindness shown him by the members of Mr. Hosokawa's Bible Class. They had visited him regularly, bringing him little comforts; and when he died, they paid for his funeral and put up his tombstone.

The last of the four friends I promised to tell you about is Chiok-a. She was a young girl of fifteen, one of the pupils in our Boarding

School, and when her illness proved to be typhoid fever, and it was thought necessary to separate her from the other girls, she was brought to our house where I nursed her, and soon learned to love the gentle patient. We thought she was getting better, but a change for the worse set in. I was called one day from bed to see her, and felt that the end was near. I suppose the tears came to my eyes, for a little hand was raised to wipe them away, and with the brightest of smiles she said, "Don't do that, because I am glad to go to be with Jesus". She also is now with Him, waiting to welcome us.

Is this a sad letter? It should be a very glad one, I think, for they are safe home, and you have helped to show them the way. Mr. Barclay asked me, when I gave him this letter to read, why I told you only about people who died. In my next letter I will tell you about people who are alive now.

(Signed) **E. A. Barclay.**

Letter No. 6.

My dear Boys and Girls,

I promised that this would be a letter about Formosa friends who are still living. It was before I ever saw Formosa that Mi-a was first heard of. One day Mrs Anderson, our doctor's wife, was making her way to the hospital. I suppose she had just left her little baby girl in the pretty enclosure where our houses stand, and she may have been thinking what a joy she was, when another baby's cry rang out from a cottage she was passing. She was struck with something in the sound, and without waiting to knock, she opened the door and walked in. What a sight met her! An old woman was sitting cowering on one side, while a younger woman, tall and strong, was strangling a baby girl with her hands. Of course she stopped when she saw Mrs Anderson; but she said sullenly, "What can I do? The child is blind and no use; my mother is old and cannot work, and I cannot feed them both. It is more dutiful to feed my mother who is old." Mrs Anderson, I am sure, did not stop to argue; but she would take the poor little blind girl in her arms and comfort her. She arranged to give enough money to support the child, and so her life was spared. When I went to Formosa, she was a gentle-looking little girl, who came every day to Mrs Ede's house to learn to read and write in the blind language, and to knit and make a few things for sale. Some years ago a lame husband was found for her by her mother (he had been a

patient of Dr. Anderson's). It was thought by the Chinese a fair bargain the lame marrying the blind. The young husband agreed to come and live in the girl's home. So the two bright baby boys they have now, by Chinese custom, belong to the mother's family; and they are the pride and joy of the woman who so nearly killed her child. She is not one of my favourites yet, but the little blind mother is a picture of happiness and contentment, and seems to manage to cook and care for her husband and babies in a marvellous way.

The boys now must hear how we teach the Golden Text in Formosa. Mr. Barclay and I were staying in a little village where the people had only been coming to church for a very little while, and were very ignorant. Our bedroom, sitting room and kitchen in one was a little lean-to, made entirely of grass and bamboo. The window was a little square cut in the grass wall looking to the back, and the door was also of grass and bamboo. We had come unexpectedly for the Sunday, and were glad indeed when the old preacher offered us this retreat which he had put up for himself. It was clean, fresh and sweet smelling, which some of the dark inner rooms we have had to pass a night in are not. A Chinese Sunday in the country is going to church all day long, it seems to me, and the strange thing is that they seem to like it. I had cooked our breakfast on the small earthenware stove which looks like a flower-pot filled with glowing charcoal; it can be placed on a table or stool, and is always at hand. The dishes had been washed and I was going in to the service, when I heard terrible screams at the back. I looked through our tiny window, and saw a big clean rather nice-looking woman mercilessly beating a small boy with a big stick. I saw some of the congregation come out and look and speak, and then go away again. Still with pauses the beating and the screams went on, and no heed was taken of my cries to stop it. Mr. Barclay, however, appeared on the scene, and the woman stopped to explain that she was on her way to church and was just trying to make her boy learn his Golden Text. A poor little limp bruised body was carried into the house. But he was quite sprightly in the evening, and I am afraid the Golden Text was never learned. The Chinese women have terrible tempers sometimes. My little house-boy told me once I was not like their women, for when they got angry when things were broken, they tore their hair and knocked their heads on the wall. I told him I was not so foolish, would it not be wiser to knock his head on the wall, when he broke my plates? I have seen an old heathen grandmother dash a little toddling thing on the hard ground over and over again, because it had knocked known her clothes pole. She loved the child, no doubt, because it was a boy. But in childhood she had probably been bullied and beaten, and when her day of power came, for the grandmother is really the head of the house, she bullied and beat others to her heart's content.

I would like to tell you now about an old Christian grandmother. She is dead now, but she was an old woman when she went home; and when she died, we missionaries felt we had lost a kind old granny. There is a very pretty little village, called Giam-cheng, where we have a church and school. It used to take us two days to get there, and I remember the first time I went, I arrived feeling ill. Sam-chim was standing in front of the little schoolhouse when we arrived in our sedan chairs, in which we

travel in the country. When we got out of them, Mr. Barclay told her I was ill, and that we had slept or rather lain awake during the night in a very dirty house. She immediately gathered her troop of grandchildren, set some of them to sweep out the schoolroom, as it was holiday time, others to draw water, while she herself went for a beautiful new bamboo bed, which she had bought for her son who was going to be married. All our bedding was beaten and aired in the sun, and before very long I was in bed with the dear old soul taking care of me. Her welcome was always the same, and her kindly influence in the village was wonderful. Once we arrived at Giam-cheng to find our room unfit for use. We have new ones now, but that night we found rooms in a little temple on the hill. Our old lady made her son carry up a bed for us, and get everything ready, and we were settling comfortably, when the wife of the caretaker of the temple brought in her mat and lay down on the floor, saying she was going to sleep there, as her husband was going to kill her. Her children and husband tried to get her away, but she was off her head and would not move. Then out of the dark came the cheery voice of Sam-chim, and weren't we glad? She soothed the poor woman, and led her away from the temple to her own house and bed, for she had said, "I can trust Sam-chim, and will go with her." This temple lies at the foot of a mountain called the Fire Mountain; for far up the hill is a rock, at the foot of which a tongue of flame shoots out and rises over its face. A tiny stream of water flows from under the same rock and still keeps cool. The Chinese have built another temple near this place, as it is sacred, and we have gone there on our way to another station. The temple stands on the face of the cliff, and sitting on its wide verandah you look away over the valley into space. There are no villages near, and one old man stays there as caretaker. It seems very solemn and still, and when we passed it last, we found a young woman sitting there alone. She told us she had been ill, and to fulfil a vow had come there to think and worship. Her husband brought her food from the valley from time to time which she cooked for herself. It seemed as if we were very near to God up there in the mountain stillness, and she listened attentively when Mr. Barclay told her of the one God, our Father. There are many weary hearts in Formosa, some of them seeking rest; and when they find Him who said, "Come unto me, ye weary", what a difference it makes to them! The spirits they worship are often demons and evil spirits, whom they try to please and propitiate. Our God is Love.

I have told you about a Christian grandmother; now I will tell you about Lok-hia, a Christian grandfather, whose simple life made a great impression upon me. He was the elder who was so kind to poor helpless Ong-a. You will hear older people say sometimes that the Chinese only became Christians for what they can get, and you may hear them called "Rice Christians." As you know, their chief food is rice, and the meaning of this name is that they become Christians in the hope of getting fed. We, who live among them know how very untrue this is, although, of course, there may be some, just as at home, who come for the sake of the loaves and fishes. I wonder what Lok-hia has got for becoming a Christian. He has given much; but beyond the knowledge of the peace of God that passeth all understanding, he has got nothing from the missionaries. It is a pleasure to go to his house, our room is always so clean, and his wife and daughters so ready to welcome us. Some of his sons are married, and with their wives and children live in the same house. He and his wife have one big sorrow, their eldest son is a grief to them. They are still praying for him, and believing that their prayers will be heard. The old man, day after day from Monday to Saturday, stands in the market selling his home-made cooling drinks and jellies, a very humble figure indeed; but he has always money to help those who need it more, and he is a living witness in a heathen town, his kindly upright life speaking for Jesus more even than his lips, although he is always ready to speak for the Master. In the year 1895, when there was a rebellion in the district, and the mob tore down the Roman Catholic buildings, our chapel was spared, we feel, greatly because of the good name of Lok-hia and his fellow-Christians.

The preacher at this station of Tow-lak, when we were there some years ago, was Teng-kui, and with his story I must close. When the Japanese were landing in South Formosa, after the war with China, a terrible thing happened in his native village of Moa-tow. He had gone home from our College in Tainan, as he was one of Mr. Barclay's students then, and the College had been closed because the country was so unsettled. He was living in his sister's house, a little thatched cottage standing in a field (we saw it about a fortnight later standing empty) when a fierce rabble of people came shouting towards it. His sister, her husband and child were in the house also, and they all ran out and hid in the long grass. The people came up and pushed pointed bamboos into the grass till they found his sister, her husband and little child. He heard their cries as they were taken, but creeping on he slipped into a deep pond, where he stood up to his neck in water, the long over-hanging grass completely hiding him from his enemies, who kept on searching in all directions. He heard them saying, "He must be here, and we must get him, he is the worst of the lot, and lives with the foreigners." They gave up looking for him at last; and when night came on he crept out and ran twelve miles to the city and told the Missionaries what had happened. Soon news came to Tainan that all the Christians in Moa-tow had been done to death by their heathen neighbours, because they said, "They must have betrayed us to the Japanese".

In less than a week the heathen were begging and beseeching the missionaries to save them, because their rebel leader had run away, and the Japanese were marching on the city to destroy it. They said, "Ask them to come in peace and we will submit." The three missionaries who were in the city, Mr. Barclay, Mr. Ede and Mr. Ferguson said to them, "We cannot ask the Japanese to come or you may kill all the Christians here as you killed those in Moa-tow." At last, however, they agreed to carry letters of submission to General Nogi, signed by the chief men in the city. Mr. Ede went to Anping to see if he could get word sent to the Japanese admiral, who had his guns ready to fire on the city. The other two set off to walk to the Japanese army, five miles away. They knew they were in danger of losing their lives, but they sang Old Hundred as they went, and God took care of them, and made General Nogi merciful towards the people. Mr. Barclay said it comforted him to see

Teng-kui, the student who had been lately in such terrible danger, with Thoan-a another student, join them in the dangerous march, of their own free will. Next morning in the early dawn, when Mr. Barclay carried back General Nogi's message, these two were with him. The flag of rebellion was lowered and the city gates opened; and the army marched in in peace. Not a life was lost. And later on, the Japanese Emperor gave a beautiful gold star to the Missionaries for their bravery. If you ever see Mr. Barclay, ask him to show you his. For I am very proud of what it stands for, the trust of the Chinese in the Missionaries, and the willingness of the Missionaries to risk even their lives for the sake of the people.

(Signed) **E. A. Barclay.**

校註隨筆

阮宗興

　　每當我們在研究一個歷史人物，或是「還原」歷史人物時，雖然史料俯拾皆是，但我總覺得，終究少了一種臨場感，無法「神入」，自然也沒有什麼「人味」可言，就像在看美食節目，無論擺盤如何創意、菜色如何誘人，就是少了臨場之後，才會有的香與味一樣。所以，多年來，除了耕耘一手史料之外，我總是喜歡轉換視角，切入宣教師們的人性面，讓他們鮮活出來，多點人味。

　　例如，我最喜歡的洋牧師之一，甘為霖，我曾在「《素描福爾摩沙》校註後記」中，評論過他的個性說：

> 　　像他因目睹「森林美人」船案，就義不容辭地為中國官衙作證辯護，或像他因縣太爺推托，就硬闖彰化衙門一般，他就是這麼耿直，這麼強悍，這麼不可妥協，其行事作風，容或有些爭議之處，但總是瑕不掩瑜。

　　只是，這些僅是皮相，總讓人誤以為，甘為霖就是耿直、強悍和不可妥協，彷彿他沒什麼人性弱點似的，可在《素描福爾摩沙》書中，第三十三章「彰化遇險記」，卻多少洩露了甘為霖個性膽小，不為人知的一面：

　　我走在城牆時，許多人向我丟石頭，我只好倉皇遁逃到街上，繞過一連串的後巷，逃回我們令人沮喪的小房間。（...run through a network of back lanes...）

　　奇怪的是，在此，他何以要「繞過一連串的後巷」，而不逕返住處呢？我猜是，太驚弓之鳥了，故怕人盡皆知其家也。另，在「麟洛平原上遭追捕」一章中，他更提到，只因遇到一群看似不懷好意的人迎面而來，便立即拋棄僕人，落荒而逃，驚慌之際，連心愛的懷錶掉在河裡，都無暇它顧。其中，最有趣的例子，就數他與英國領事布洛克，及美國的博物學家史蒂瑞的霧番之行，當他們露宿叢林時，甘為霖寫道：

　　領事和另一位同伴躺在草上，將裝滿子彈的槍枝放在手邊，我則安靜地爬到他們之間。（I quietly crept in between them.）

　　俗話說，這叫「死道友，不可死貧道」之表現也，感覺上，甘為霖很像《權力與榮耀》（*The Power and the Glory*）書中的那個神父：他雖害怕、膽小，卻仍舊無視危險，勇往直前。除了膽小之外，我們在第十九、二十兩章中，亦可看出他有些許幽默，也會自我解嘲，並不如相片般的嚴肅、呆板。

　　所以，不管是我們在《台南教士會議事錄》中，看到甘為霖與梅監務的瑜亮之爭時，那種霸氣，那種凌人；或是馬偕日記中，

「甘爲霖與牛津香腸」一文之中，那種率眞，那種可愛，都不妨其
爲宣教英雄的事實。

　　事實上，我也知道一個巴克禮的小故事，一個一手資料的小故
事，那時，我還是一個懵懂，不知歷史爲何物的少年人。四十多年
前，林信堅牧師（1943-2006）談到巴克禮時，曾說：

　　　　…阮老先生曾經領導同學罷課一週，因爲巴牧師藉口萬
　　文爵士未逝以前，他不能把一目十行，──其實是一目全頁，
　　一黑板的數字，三分鐘就像照像一般印在腦中，據傳他講課從
　　不帶書本筆記，以雙手支著前額就講課，──的功夫傳授給學
　　生，他和萬文爵士有約在先，而當時萬文爵士尚活在人間。有
　　這種本領，難怪萬文爵士和巴克禮牧師能名垂青史。 ❶

　　林牧師筆下的阮老先生，就是阮瓊（Ng Kheng, 1884-1982），又名
烏瓊，字韞玉，幼年父死母改嫁，十三歲時得廉德烈牧師之助，
就讀長老教中學，十六歲，復得伯父阮爲仁傳道認養歸宗 ❷ （據其
自述云：迨至八歲，伯父乍臨，認族歸宗） ❸ ，畢業後，入《台南府城教

---

❶　〈台灣教會歷史資料館蒐集品簡介　二十四〉，林信堅，《台灣教會公報》，
　　1976.8.22。

❷　《台南教士會議事錄》，581.3，1899.6.14。
　　The question of the advance of Preacher Ui-jin's wages on the ground that he had an adopt
　　child of 16 to support was considered, decided that his salary should remain at $9.

❸　阮瓊認祖歸宗後，與被認養之間有時間差，我猜乃因阮爲仁長期外派牧會，調動頻
　　繁之故。

會報》當助理印刷工 ❹（1900.1），隔年一月就讀「大學」❺（台南神學校）。阮瓊傳道（寧為傳道，拒絕封牧），個性剛烈，在是非之間，甚難妥協，所以才會發生上述，林牧師所說的，率領「大學」同學罷課，以與巴克禮牧師抗爭的事件。事實上，我也聽阮瓊講過此段抗爭事件，但其起因與過程，卻完全不同，不但故事有更多細節，而且有許多史料可供驗證，所以，我覺得，我所聽到的故事，應該更符合事實。也因此，當我在校註此書之際，時不時，腦海就會浮現一個高瘦的蘇格蘭紳士，拄著杖，看著桀敖不馴，堅不妥協的學生的場景。

　　話說當阮瓊就讀「大學」之際（1901-1905），學生每月可以領到「學資」（Monthly allowances），根據「教士會」記錄，1899 年五月時，試讀生三元，其他學生多半元，還有每學期二元的紙筆費；隔年元月，經過「協商」（agreement），學生可領四元。❻ 但據阮瓊說，在 1899 年台灣總督府醫學校設立後，大肆邀請全台唯一的西式長老教中學生就讀（淡水中學設於 1914 年），醫學校提供的「學資」，相較於「大學」，自然高出甚多，於是他就代表學生，向巴克禮提出加薪的要求，甚至發動罷課，意欲逼校方「協商」，有次，巴克禮與阮瓊雙方在教室「協商」時，阮瓊耍賴，謊稱巴克禮曾答應加薪，一言不合之下，阮瓊就抓起書桌，用力撞向巴克禮，

❹ 《台南教士會議事錄》，593.4，1900.1.10。
Reported that printer's assistant Thui-a had left, and that Kheng had been taken on in his place.

❺ 同上，617.2，1901.1.28。

❻ 同上，579.2；593.5。

氣得滿臉通紅的巴克禮，一言不發，轉身下樓。過了幾分鐘，巴克禮就走回教室，平靜的告訴阮瓊，要他在黑板上，隨意的寫上 0 至 99 的數字亂碼，每行二十個，共二十行，並告訴他，寫完到樓下叫他。當巴克禮上樓後，看了黑板幾眼，就轉身背對黑板，要阮瓊隨意問他，第幾行第幾個數字是什麼。阮瓊後來告訴我說，不管他怎麼問，都考不倒巴克禮（這就是上述，林信堅牧師所謂的照像式記憶的緣由）。於是巴克禮平靜的告訴他：只要是我答應的事，我一定記得。於是罷課事件，就此無疾而終矣。

國家圖書館出版品預行編目（CIP）資料

福爾摩沙的呼召 巴克禮牧師夫婦文集 / 巴克禮（Thomas Barclay），
伊莉莎白（Elisabeth A. Turner）原著；張洵宜漢譯 . -- 初版 . --
臺北市：前衛出版社，2022.11

240 頁，17×23 公分

譯自：Formosa for Christ
譯自：Letters from far Formosa to boys and girls

ISBN 978-626-7076-73-6（平裝）

1.CST: 基督教 2.CST: 傳教史 3.CST: 臺灣

248.33   111016436

福爾摩沙的呼召—巴克禮牧師夫婦文集

原　　著　巴克禮牧師、伊莉莎白牧師娘
企　　劃　台灣基督長老教會歷史委員會
　　　　　台南東門巴克禮紀念教會
漢　　譯　張洵宜
校　　註　阮宗興
責任編輯　周俊男
內頁排版　NICO CHANG

出 版 者　前衛出版社
　　　　　地址：104056台北市中山區農安街153號4樓之3
　　　　　電話：02-25865708 ｜ 傳眞：02-25863758
　　　　　郵撥帳號：05625551
　　　　　購書‧業務信箱：a4791@ms15.hinet.net
　　　　　投稿‧代理信箱：avanguardbook@gmail.com
　　　　　官方網站：http://www.avanguard.com.tw

出版總監　林文欽
法律顧問　陽光百合律事務所
總 經 銷　紅螞蟻圖書有限公司
　　　　　地址：114066台北市內湖區舊宗路二段121巷19號
　　　　　電話：02-27953656 ｜ 傳眞：02-27954100

出版日期　2022年11月
定　　價　新台幣360元
ISBN：978-626-7076-73-6（平裝）
E-ISBN：9786267076750（EPUB）
E-ISBN：9786267076743（PDF）